Maria Anna Leenen
Ziegen wie du und ich

MARIA ANNA LEENEN

ZIEGEN WIE DU UND ICH

Was ich von meinen
　vierbeinigen Weggefährten
　über Gott und die Welt lerne.

adeo

Für meine älteste Nichte Pauline mit herzlichem Dank
für ihre wichtigen Impulse

Offenkundig falsch ist die Meinung derer, die sagen, im Hinblick auf die Wahrheit des Glaubens sei es völlig gleichgültig, was einer über die Geschöpfe denke, wenn er nur von Gott die rechte Meinung habe. Denn ein Irrtum über die Geschöpfe hat Rückwirkungen auf die Auffassung über Gott. Indem eine solche irrtümliche Auffassung die Geschöpfe irgendwelchen anderen Ursachen unterwirft, zieht sie des Menschen Geist von Gott weg, auf den sich doch der Glaube ausrichten soll.

Thomas von Aquin, Summa contra gentiles, Buch II, Kap. 3

Inhalt

Vorwort 9

Kapitel 1: Hamster, Pferde, Wasserbüffel und die
            ersten Ziegen 13
Kapitel 2: Eine Ziegenklause im norddeutschen
            Flachland 37
Kapitel 3: Die fünf Freiheiten 73
Kapitel 4: Eine Frage, die wir neu stellen müssen 107
Kapitel 5: Spiegelfechten oder das Verschieben
            einer Grenze 141
Kapitel 6: Kein Resümee, sondern eher eine
            Schöpfungsmeditation 177

Danksagung 191
Über die Autorin 193
Über die Illustratorin 195
Empfohlene Literatur zum Thema 197
Quellenhinweise 205

Vorwort

Wenn ich mich daran erinnere, mit welchen Tieren ich in meinem Leben unterwegs war und bin, wird mir sehr warm ums Herz. Ohne den Dackel Strolchi und die Schildkröte Sir Harry ist meine Kindheit nicht denkbar, der Kater Richelieu hat mich im Studium begleitet und die beiden Poitou-Esel Freddy und Fridolin sind meine wichtigsten Kollegen im Bereich der tiergestützten Pädagogik.

Selbstverständlich tragen sie einen Namen, denn es handelt sich um großartige Persönlichkeiten. Den Tieren einen Namen zu geben ist die zweite Aufgabe von Adam im Garten Eden, nachdem er von Gott als dessen Hüter und Bewahrer eingesetzt wurde (vgl. Genesis/1. Mose 2,15 ff.)

Für den heiligen Thomas von Aquin bedeutet dies, dass der Mensch ein Erfahrungswissen über die Natur der Tiere erlangen muss, um tatsächlich Mensch zu werden: eine Kenntnis der eigenen tierlich-tierischen Innenwelt. So entsteht ein tiefes Vertrauensverhältnis, das um unsere Verwandtschaft mit allen anderen Geschöpfen weiß. Eine Verwandtschaft, die Gott als Ursprung hat.

Von diesem Verhältnis erzählt die Autorin in wunderbarer Weise und vergisst dabei nicht die Abermillionen Nutztiere, die namenlos ihr Schicksal in den Tierfabriken und Schlachthöfen fristen müssen.

Zunächst beginnt sie mit ihren Erfahrungen aus Kindheit und Jugend, die zeigen, dass Tiere zwar „Freunde" waren, auf ihre artgerechte Haltung oder ein Verständnis für das, was sie brauchen, aber nicht eingegangen wurde. Im Folgenden erzählt sie aus ihrer Zeit in Südamerika, wo ihr die ersten Ziegen Freude bereiteten, erinnert sich aber auch an Szenen, in denen mit Tieren nicht gut oder auch richtig übel umgegangen wurde. In einem weiten Bogen beschreibt die Autorin einen Erkenntnisprozess ausgehend von der Zeit, in der sie die ersten Zwergziegen kaufte, die ersten Erfahrungen mit ihnen machte und die ersten wichtigen Impulse kamen, bis hin zu neuen wissenschaftlichen Studien, die soziales Handeln von Tieren und ihre Intelligenz beweisen.

In immer weiter und tiefer führenden Kreisen erzählt Maria Anna Leenen, wie intensiv das Leben mit ihren Zwergziegen das eigene geistliche Leben inspirierte und wie das dadurch wachsende Bewusstsein vom innersten Zusammenhang der ganzen Schöpfung ihr Leben und ihre Sicht veränderte. Auch die Erfahrungen, die andere Menschen mit ihren Ziegen hatten und haben, kommen zur Sprache: Besucher, die das Beobachten zur Ruhe und zum Lösen von Spannungen bringt, die Parallelen sehen zwischen sich und den Ziegen, Besuche in Kindergärten und Seniorenheimen, wo die jüngste Zwergziege Dotty Menschen zum Strahlen bringt, die schon seit Jahren nicht mehr gelächelt haben.

Tiere sind unsere Mitgeschöpfe. Sie sind wie Gefährten auf dem Weg durch das Leben, deren Würde und Geschöpflichkeit wir achten müssen. Und sie sind noch mehr: Sie helfen uns, die Liebe zu lernen, was wohl die wichtigste Aufgabe eines Christen ist.

Das Buch von Maria Anna Leenen erzählt sehr persönlich von der Geschichte, wie ihre Tiere mithalfen, zu einem neuen Erfahrungswissen zu kommen. Eine Geschichte, die die Leserin und den Leser anregen kann, sich Gedanken über das eigene Verhältnis zwischen Mensch und Tier zu machen.

November 2018
Dr. Rainer Hagencord
Gründer und Leiter des Instituts für Theologische Zoologie, Münster

Kapitel 1:
Hamster, Pferde, Wasserbüffel und die ersten Ziegen

Tiere haben mich immer mächtig angezogen. Natürlich – auf Kinder üben sie in der Regel eine sehr große Faszination aus: Es macht einfach Freude, Tiere zu beobachten, man kann mit ihnen wunderbar spielen und herumtoben, sie streicheln, knuddeln und mit ihnen schmusen. Mir ging es da nicht anders.

Unsere Familie wohnte die ersten zehn Jahre meines Lebens in der Stadt. Wie in vielen Zentren von Großstädten waren die Häuser in großen Karrees gebaut. Die Rückseiten umschlossen eine mehr oder weniger ansprechende Grünfläche mit regelmäßig und ordentlich gemähtem Rasen, Ziersträuchern und ein paar Bäumen. Mehr war da meistens nicht. Aber es war grün, wenigstens etwas grün. Wir wohnten im vierten Stock mit einem langen Balkon nach hinten hinaus. Im Sommer ein begehrter Platz zum Wäschetrocknen und Luftschnappen für die Familie, die zwei Goldhamster und die beiden Wellensittiche. Das waren die ersten Haustiere, die wir, mein Bruder und ich, geschenkt bekommen hatten. Später kamen Aquarien und Terrarien dazu und nach dem Umzug aufs Land ein Hund: Vox, unser heiß geliebter Dobermann, leider damals noch mit vom Züchter kupierten Ohren und abgeschnittenem Schwanz.

Es hat mich, zumindest meiner Erinnerung nach, nicht besonders gestört, dass die Beziehungen zu unseren Haustieren selten ohne Komplikationen waren. Goldhamster können sehr schmerzhaft zubeißen, aber ich hatte sowieso meistens irgendwo eine kleine Verletzung, die in meinen Kinder- und Jugendjahren eine Folge der verschiedenen Sportarten waren. Heute sieht es ähnlich aus, nur rühren die Verletzungen jetzt eher vom Holzhacken oder Futterschneiden mit Sichel und Sense her. Als einer der beißkräftigen Hamster starb und der andere über die Balkonbrüstung in die Tiefe stürzte, gab es nach einer Weile neue Tiere.

Auch die Molche, die aus dem Terrarium meines Bruders entwischt waren und erst nach langer Zeit mumifiziert unter dem Schrank gefunden wurden, taten meiner Tierliebe keinen Abbruch. Ich dachte kaum darüber nach, denn auch hier ging es bald weiter mit neuen Haustieren: Wir kauften vom Taschengeld schnell ein paar neue Tiere oder bekamen sie zum Geburtstag geschenkt. Haustiere waren Spielzeuge, die laufen und eben manchmal auch zubeißen konnten. Und die Matratze, die Vox an einem unbeaufsichtigten Nachmittag zerfetzt und fein zerkaut in meinem Zimmer verteilt hatte, regte damals sowieso nur unsere Eltern auf. Ich fand es witzig. Für Vox hatte es kaum Konsequenzen. Hätte ich als Kind den bitterbösen Song über „Rolf und die Hamster" von Sarah Hakenberg gehört, hätte ich ihn verstanden?[1] Sicher nicht.

Von meiner Seite aus waren die Beziehungen zu den Tieren ungetrübt. Tote Hamster, mumifizierte Molche, ein Hund mit blutdurchtränkten Verbänden an Ohren und Schwanz, wir haben es hingenommen, vielleicht darüber getrauert oder es nur eine Weile bedauert, aber mehr wohl nicht. Wir Kinder hatten auch kaum eine wirkliche Verantwortung für sie. Unsere Mutter kontrollierte alles im Nachhinein und nur der Kampf nach dem Mittagessen, wer trocknet ab und wer geht mit dem Hund raus, brachte Spannungen.

Die Spaziergänge mit Vox passten gut zu meiner Abenteuerlust. Durch den Wald mit ihm zu streunen, irgendwo im Dickicht zu liegen und völlig versunken an seine warme Seite gelehnt in einem Abenteuerbuch zu lesen war wunderbar. Manchmal ließ ich ihn mein Fahrrad ziehen und kam so ohne Anstrengung nach Hause. Ich glaubte, ihm gefiele es genauso sehr wie mir. Selbst als er meine Weihnachtsplätzchen klaute und mich ins Handgelenk biss, als ich versuchte, sie mir wiederzuholen, änderte sich meine Sicht auf ihn nicht – Vox war mein Freund. Aber keiner in unserer Familie machte sich große Gedanken, ob er auch artgerecht gehalten wurde. Seine „Ausflüge" von Zeit zu Zeit, wenn mein Bruder oder ich mal wieder nicht aufgepasst hatten, brachten zwar Ärger – vor allem, wenn er bei einem Bauern in der Nähe eines der freilaufenden Hühner geschnappt hatte. Aber dass es zur Natur eines Hundes gehört zu jagen, haben wir, glaube ich, gar nicht im Blick gehabt.

Manchmal tat er mir leid. Wenn er nachts in den Keller gesperrt wurde, klang sein Heulen bis in mein Zimmer. Aber unsere Eltern fanden es richtig, also war es für mich auch in Ordnung. Als ich 12 oder 13 Jahre alt war, kam der Pferdevirus dazu. Alles, was irgendwie als Reittier zu taugen schien, wurde ausprobiert. Kühe, Schweine, Esel und jedes Pony, jedes Pferd, das in meine Nähe kam. Die Fernsehserie Bonanza, von der ich jede Folge sehnsüchtig erwartete, hat sicher viel zu dieser typischen Pferdeverrücktheit eines heranwachsenden Mädchens beigetragen – vor allem als zur Bewunderung seines Palominos eine verliebte Schwärmerei für „Little Joe" Michael Landon dazu kam. Kein Absturz, kein Muskelkater, kein Huftritt, keine schmerzende Rückseite konnten mich davon abbringen, mich in einen Sattel oder einfach so auf den Pferderücken zu schwingen.

Da wir unser Haus in einem sehr ländlichen Bereich gebaut hatten, waren etliche Bauernhöfe in unmittelbarer Nähe. Ein besonderes Vergnügen war es darum für mich, im Sommer ab und zu eine trächtige Stute zu bewegen. Langsam auf einem unglaublich dicken Pferd durchgeschaukelt zu werden, so hoch oben unterwegs zu sein auf schattigen Feldwegen und über blühende Wiesen: Herrlich! Meine Leidenschaft für diese samtmäuligen und sanftäugigen, wunderbaren Tiere hält sich bis heute. In einem kleinen Reitstall bei uns in der

Nähe konnte ich außerdem manchmal, wenn mein Taschengeld gereicht hat, ein paar Unterrichtsstunden nehmen.

Mein Lieblingspferd war Gospodin, ein heller Fuchs mit einem weißen Stern auf der Stirn und einem riesengroßen weißen Flecken auf der Kruppe, der Fläche oben über den beiden Hinterbeinen. Die Stelle sah aus, als hätte jemand einen dicken Klecks Sahne darauf fallen lassen. Gospodin war wohl eher ein Schecke als ein heller Fuchs, aber ich hatte damals keine Ahnung von Fellfarben, war einfach nur verliebt in dieses wunderschöne und sehr geduldige Pferd.

Gospodin war ein Schulpferd, ein Pferd also, das alle und jeden auf seinem Rücken zu dulden hatte. Der Reitstall lag in unserem näheren Stadtrandbereich und war mehr oder weniger umgeben von Häusern. Eine Weide gab es nicht. Ein paar kleine Boxen für die wenigen Pferde, eine Futterkammer, Halterungen für Sattel und Zaumzeug plus diverser Putzutensilien im Stallgang, eine Miniwohnung für den Besitzer und eine Sandbahn. Das war alles. Einen kleineren Reitstall hat es wohl nur selten gegeben.

Reitausflüge waren für mich immer ein großes Vergnügen. Endlich einmal lange Strecken galoppieren zu können oder Berg rauf und Berg runter mit dem Pferd zu wandern, anstatt immer nur in einer Sandbahn im Kreis zu reiten, das war pure Lebenslust für mich. Auch später noch bin ich oft einfach für zwei Tage irgendwohin gefahren, wo es die Möglichkeit gab, ein Pferd zu mieten.

Habe ich mir damals Gedanken gemacht über diese Pferde und ihre Bedürfnisse? Sicher – sie wurden gut behandelt und auch ich bemühte mich, sie nicht zu überanstrengen, sie sanft zu lenken und mit Möhren und Zuckerstückchen zu verwöhnen. Heute denke ich, dass diese Pferde es genossen hätten, wenn sie wenigstens ab und zu eine Pause gehabt und ohne Sattel auf einer großen, grünen Weide hätten galoppieren dürfen, anstatt Tag für Tag wechselnde und oft nervende Reiterinnen und Reiter geduldig Minute für Minute durch eine Reithalle zu tragen. Ich hätte es ihnen von Herzen gegönnt. Aber im Rückblick weiß ich sehr genau: Auch wenn ich sie gernhatte und versuchte, sie so gut wie möglich zu behandeln, es waren Objekte, es waren „Dinge", für deren Nutzung ich bezahlt hatte.

Ich glaube, Tiere waren trotz allem immer schützenswerte Wesen für mich, auch wenn ich mir zum Beispiel über den Fleischkonsum in unserer Familie nie Gedanken gemacht habe. Wie viele Tiere habe ich als Kind gerettet: Mäuse vor einer Katze, einen halb erfrorenen Dackel aus dem Schnee, Frösche aus der Mülltonne vor den Nachbarsjungen, die mit Steinen Zielwürfe auf sie veranstalteten.

An eine besonders dramatische Situation erinnere ich mich noch wie heute. Wir waren auf Klassenfahrt, ich muss so ungefähr 14 Jahre alt gewesen sein. In einer Jugendherberge in der Nähe des Worpsweder Teufelsmoores untergebracht, machten wir von dort aus lange Wanderungen in die Umgebung. Bewegung an der frischen Luft verbunden mit ein bisschen

Biologie und Geografie und natürlich viel Blödsinn, wie es auf einer Klassenfahrt in dem Alter üblich ist. Vor jeder Wanderung bekamen wir eindringlich Verhaltensweisen bezüglich der Moorgräben eingebläut, an die wir uns brav hielten. Zum Haus gehörte ein großer, gemütlicher und sehr anhänglicher Bernhardiner, der oft mit uns ein paar Hundert Meter mitlief, wenn wir zum nächsten Ausflug aufbrachen. Auf eine der Wanderungen kam er weiter mit als normal, was vor allem wir Mädchen toll fanden. Wir tobten und spielten mit ihm, warfen Stöckchen und kraulten ihm gehörig durch sein dickes Fell. Plötzlich sprang er über einen Graben, rutschte ab und versank blitzschnell darin. Nur der Kopf blieb – mit ängstlich aufgerissenen Augen – oberhalb der Moorbrühe. Wir wussten inzwischen nur zu gut: Moor ist kein Wasser, in dem man schwimmen kann. Moor zieht unweigerlich und schnell nach unten, man kann nichts dagegen tun.

Blitzartig warf ich mich auf den Boden und robbte so weit wie möglich vor, um den Kopf des Hundes hochzuhalten. Auf die andere Seite war – heldenhaft – meine Freundin gesprungen und hielt von dort aus den Hund fest. Schnell legten sich jeweils zwei andere auf meine und ihre Beine, um zu verhindern, dass wir ebenfalls in den Moorgraben hineinrutschten. Der Rest der Klasse suchte auf Anweisung unserer Lehrerin hin alles Mögliche, was unter den Hund geschoben werden konnte. Ich erinnere mich an Steine, dicke Stöcke, einen alten Eimer und sogar, aus einem niedrigen Gebüsch gezerrt, an die Reste eines Fahrradrahmens.

Es dauerte trotzdem eine gefühlte Ewigkeit, bis der Hund irgendwo gegentreten konnte und wir ihn mit vereinten Kräften aus dem Moor hieven konnten. Er schüttelte sich ausgiebig, was auch die letzten trockenen Klamotten mit Moorbrühe tränkte, und lief Richtung Jugendherberge. Wir Jugendlichen saßen nach dieser Aktion allesamt auf dem Boden, die meisten heulten vor Erleichterung, und am Abend bekamen alle eine doppelte Portion Sonnenbrandsalbe.

***

Meine Pferdeliebe konnte ich später zum Teil sogar beruflich einsetzen. Durch Freunde erfuhr ich vom Therapeutischen Reiten, dessen leidenschaftlicher Vertreter und Wegbereiter in Deutschland Gottfried von Dietze (1921–2012) war.

Seine Geschichte, wie er als passionierter Reiter zum therapeutischen Reiten gekommen war, hat mich damals sofort aufhorchen lassen. Im Zweiten Weltkrieg hatte sich der evangelische Pfarrer eine schwere Beinverletzung zugezogen und musste im Bett liegen. Der Hubertustag, der 3. November, war nahe, und es war ein Muss für jeden Reiter, an diesem Tag an dem überall stattfindenden Hubertusausritt teilzunehmen. Kameraden aus der Kompanie halfen ihm und hievten ihn in den Sattel, gegen den Rat der Ärzte. Trotz vieler Schmerzen spürte von Dietze, wie gut ihm die Bewegung des Pferdes tat. Das war der Beginn seiner Leidenschaft, auch Menschen mit Behinderungen das Reiten zu ermöglichen und die heilsame Bewegung dieser Tiere bei Menschen mit Handicap einzusetzen.

Aber nicht nur die Persönlichkeit dieses Mannes und seine Geschichte haben mich fasziniert. Seine überaus einfühlsame und ganz auf das jeweilige Pferd ausgerichtete Arbeit mit den Tieren war imponierend. Manchmal schien es, als könne er auf eine intuitive Art mit den Pferden wirklich kommunizieren. Er lehrte sie – man kann es fast nicht anders formulieren – mitzuhelfen, Menschen Hilfe, Lebensfreude und Heilung zu schenken. Es schien fast so etwas wie eine Art von Einsicht bei den Pferden zu entstehen. Das konnte nicht das Ergebnis des „normalen" Trainings oder einer Erziehung sein, welche auf der Basis von Leistung und Belohnung dem Tier ein bestimmtes Verhalten antrainiert oder ändert.

Bei einem Kurs in seinem Reitstall durfte ich zum Beispiel miterleben, wie eine junge Frau ohne Beine auf einem seiner Pferde, einem speziell ausgebildeten Haflingermix, Dressur ritt. Die junge Frau kam mit einem Golfwägelchen bis unter den Bauch des Tieres gefahren, wobei der bildhübsche kupferfarbene Wallach wie aus Bronze gegossen still stand. Er rührte sich nicht, zuckte nicht einmal mit den Ohren und zwar so lange, bis sie sich in den Sattel gezogen hatte. Und dann ritt diese junge Frau ohne Beine, nur mit leichter Gerte, Gewichtsverlagerungen und freundlicher, ja liebevoller Stimme Dressur, übrigens besser als ich. Es war überaus beeindruckend! Und es war für mich der erste bewusst wahrgenommene Impuls einer anderen Sicht auf Tiere.

Trotzdem änderte sich nicht viel an meinem Verhalten Pferden gegenüber. Geritten bin ich weiterhin oft und in verschiedenen Reitställen. In einen kleinen Wallach war ich mit 21, 22 Jahren sogar richtig verliebt. Er war ein Mischling mit ein paar Tropfen Araberblut, was an dem zierlichen Kopf und seinen wunderschönen dunklen Augen noch gut zu erkennen war. Aber er war auch ein ausgebufftes Schulpferd. Alle Tricks, die sich ein Pferd in seinem Leben aneignen kann, hatte er drauf. Wie oft bekam ich einen kräftigen Schubs, wenn ich an den Hinterbeinen die Hufe auskratzen wollte, und landete im Mist der Box. War er schlecht gelaunt, ersetzte er den Schubs durch ein Kneifen mit seinen Lippen in meine Hinterseite. Hübsche blaue Flecken waren das, die mich lange an ihn erinnerten.

Manchmal erlaubten sich die Lehrlinge des Reitstalls einen derben Scherz, und der kleine Wallach bekam vor meiner Reitstunde einen halben Eimer Hafer. Die Wirkung ist in etwa vergleichbar mit ein paar Doppelkorn für einen 15-jährigen Halbstarken. Die folgende Stunde war echtes Rodeo. Der Höhepunkt war immer dann erreicht, wenn der aufgeputschte Wallach versuchte, sich mit Wucht gegen die Bande zu werfen, um mein Bein einzuklemmen.

Meiner Zuneigung zu ihm tat das keinen Abbruch. Wir verstanden uns am besten bei den Ausritten in die Umgebung. Meistens wusste ich irgendwann nicht mehr genau, wo es langging. Dann ließ ich die Zügel locker und sagte ihm: „Geh nach Hause." Er änderte meist sofort die Richtung, und nach kurzer Zeit waren wir wieder auf dem richtigen Weg. Der Orientierungssinn dieses Pferdes war untrüglich.

Sanfte Riesen und meine Rückkehr zum Glauben

Das Leben eines Menschen besteht aus vielen verschiedenen Komponenten, und in jeder seiner Phasen ist dieses Leben vielen Einflüssen und Impulsen ausgesetzt. Irgendwann im Laufe des Erwachsenwerdens oder bei einschneidenden Zäsuren kann der bisherige Lebensentwurf nachhaltig gestört werden oder sogar zerbrechen.

Meine Abenteuerlust führte mich 1985 nach Südamerika. Mit Freunden in Venezuela, diesem so unglaublich schönen Land, eine Wasserbüffelfarm am Rande des Dschungels aufzubauen – das war genau das, was ich mir damals für mein ganzes Leben vorstellen konnte. Hätte ich geahnt, welcher Prozess damit angestoßen werden würde – wäre ich trotzdem über den großen Teich geflogen? Die Frage, ob dieser Weg der richtige sei, stellte sich mir damals nicht.

Zunächst gab es nur die Freude am Wagnis, die große Neugier auf diese andere Welt und vor allem die Faszination über die andersartige Schönheit dieses neuen Lebens in den Tropen. Diese explosionsartige Wuchskraft der Natur! Diese mächtigen Palmen oder die berauschende Schönheit, wenn die Jacarandabäume blühten und alles wie mit einer dicken

Schicht hellrosafarbenem Schnee zudeckten: Blüten über Blüten über Blüten. Orchideen, die von den Bäumen in Fülle herunterrankten. Bananen, die kiloweise an dicken Blütenstengeln in der Küche hingen, kleine, köstlich süße Mangos, die wir eimerweise am Wegrand kauften, Maracujas, Avocados oder die riesigen Papayas, die mit ihrem dicken, orangefarbenen, saftigen, wundervollen Fruchtfleisch ein Mittagessen ersetzen konnten. Natürlich war auch die Tierwelt andersartig und zog mich gewaltig in ihren Bann. Kleine grüne Baumschlangen im Garten, ein Opossum auf dem Gartenzaun, mit verblüffend lautem Fauchen, als wir näher kamen, bunt schillernde Vögel, Schmetterlinge, Riesenkakerlaken, sprungkräftige Taranteln und Spinnen mit einem in allen Farben des Regenbogens irisierenden Bauch – so groß wie früher ein 5-DM-Stück. Nur der Bauch wohlgemerkt!

Und Ziegen gab es in dem Land: in allen Farben und Schattierungen und in allen Größen. Sie waren vor allem in den Randgebieten der Dörfer und in den winzigen Siedlungen im Dschungel allgegenwärtig.

Valerie Porter, eine britische Autorin, die mehr als 30 Bücher zu Themen der Viehhaltung in der ganzen Welt verfasst hat, beschreibt in ihrem Standardwerk „Goats of the world" über 500 Ziegenrassen weltweit. Über die Ziegen in Venezuela schreibt sie: „In diesem Land, wo Ziegen den Schafen zahlenmäßig weit überlegen sind, waren Ziegenfleisch und Ziegenprodukte in den 60-ger Jahren sehr populär. Aber die Ziegenhalter sahen sich der außerordentlichen Schwierigkeit gegenüber, geeignetes Futter für ihre Tiere zu beschaffen ebenso wie dem Problem einer hohen Belastung der Tiere mit Parasiten und ansteckenden Krankheiten. Dieses beruhte meist auf einem Mangel an Wissen bzgl. einer artgerechten Fütterung und Haltung von Ziegen. Die Lämmersterblichkeit war sehr hoch." Porter schreibt weiter, dass es in Venezuela seit dem späten 15. Jahrhundert Ziegen gegeben hätte und bedingt durch die schwierigen Haltungsbedingungen in den Tropen sei dort letztendlich eine sehr robuste Criollo-Rasse entstanden. Durch neues Interesse an Ziegen sei die Population seit den 1980er-Jahren auf 1,5 Millionen Tiere angewachsen; die meisten seien im Nordwesten des Landes zu finden.[2]

Zunächst waren jedoch andere Tiere wesentlich präsenter in meinem Blickfeld: die Wasserbüffel. Es waren schwarze und sanfte Riesen, zumindest wenn die Büffelkühe keinen Nachwuchs hatten. Die Wildformen des Wasserbüffels (Bubalus bubalis) können eine Höhe von bis zu 1,80 Meter bis zum Widerrist erreichen, und das bei einem Gewicht von 1000 Kilogramm und einer Körperlänge von bis zu drei Metern vom Kopf bis zum Schwanz. Unsere Büffel waren etwas kleiner und leichter, aber immer noch imposant. Ihre starken und langen Hörner waren im Halbrund nach hinten oder zur Seite gebogen und einige liebten es geradezu, gestreichelt zu werden.

Ich erinnere mich noch gut an eine ältere Büffelkuh namens Manzanita, was so viel heißen kann wie Äpfelchen. Sie war ein Prachtexemplar von einem Büffel, und es war herrlich, auf ihrem Rücken durch die Lagunen zu schwimmen. Wie auf einem schwarzen Sofa mit den Beinen im Wasser und dem Kopf in der immerwährenden südamerikanischen Sonne.

Nach etlichen Monaten, die wir mit dem Bau von Zäunen verbrachten und in denen wir erste Versuche unternahmen, Käse aus Büffelmilch herzustellen, war die anfangs bescheidene kleine Herde auf über 400 Tiere angewachsen. Jedes Mal war es ein Erlebnis, oben auf einem der großen Kettenfahrzeuge zu sitzen, die für das Sumpfgebiet der Büffel gebraucht wurden, und die Herde zu beobachten. Manchmal mussten die Tiere zusammengeholt werden, die Arbeiter trieben sie von der Weidefläche – so groß wie etwa zwei Fußballfelder – vor sich her in den Corral, ein großes Gehege mit stabilen Stahlrohren. Es war ein wenig so wie die großen Viehtrecks in den alten Hollywoodwestern. Oben auf dem Dach sitzend konnten wir die Tiere herankommen sehen, eine dunkle Masse in Staub und Gebrüll gehüllt, die wenig später das Kettenfahrzeug umbrandeten wie eine schwarze Flut. Jetzt vom Dach herunterzufallen wäre fatal gewesen.

Kurze Zeit danach war das Impfen der Herde angesagt oder die Tiere bekamen eine Vitaminspritze: eine schweißtreibende Arbeit! Eine dicke Nadel in noch dickere Büffelhaut zu treiben, machte einem spätestens nach dem fünfzigsten Tier klar, welche Armmuskeln wo sitzen. Ich habe diese Tiere oft bewundert. Sie waren schön, manchmal fast majestätisch. Wenn sie am Abend entlang des Horizonts wanderten, eine lange Kette schwarzer Riesen gegen den lavendelblauen Himmel, und wir noch einen Cowboykaffee, am offenen Feuer gekocht, tranken, entstand eine magische Stimmung.

Jahre später habe ich Zen-Meditation praktiziert und den alten chinesischen Bilderzyklus „Der Wasserbüffel (Ochse) und sein Hirte" gesehen. Aus dem 12. Jahrhundert in verschiedenen Variationen und Interpretationen überliefert, ist dort etwas vom Charakter dieser Tiere zu spüren. Obwohl sanftmütig und geduldig haben sie durchaus ihren eigenen Kopf. Und bei Gefahr für sich, den Nachwuchs oder die Herde entwickeln sie eine erstaunliche Kraft. Gemeinsam sind sie sogar in der Lage, Raubtiere zu vertreiben und manchmal auch zu töten.

Eines Tages berichtete einer unserer Arbeiter, dass etwas mit einem kleinen Büffelkalb irgendwie komisch sei. Gerade geboren hinge noch ein sehr langes Stück Nabelschnur vom Bauch herab. Also packte ich Desinfektionsspray, Zwirnsfaden und andere medizinische Utensilien in meine Arbeitshose und machte mich auf den Weg. Natürlich stand das Kälbchen im hinteren Teil der Weide und es war Regenzeit. Bis zu den Oberschenkeln im Wasser, sorgsam nach Schlangen und Babas, kleinen ca. ein Meter langen Krokodilen, Ausschau haltend, tastete ich mich durch den Sumpf. Völlig umsonst, wie sich bald herausstellte. Mama Büffelkuh stand neben ihrem Kalb, das recht munter aussah und nur ein winzig kleines, schon halb vertrocknetes Stück Nabelschnur unter dem Bauch hatte.

Als mich die Büffelkuh kommen sah, schob sie sich vor ihren Nachwuchs, senkte die Hörner und warnte mit kräftigem Schnauben. „Kein Problem", dachte ich, und zog mich sofort wieder zurück, nicht ohne ein leises Grummeln: Kleine Scherze von venezolanischen Arbeitern können den Horizont einer deutschen Frau enorm erweitern. Ich hatte gerade eine sehr temperamentvolle Begegnung mit dem Rest einer halbwilden Rinderherde gemacht und eine solche Erfahrung wollte ich nicht so gern wiederholen.

Es war erst ein paar Tage her, dass wir zu dritt mit dem Geländewagen in die Savanne gefahren waren. Die Rinder sollten von einem weit entfernten Gebiet zum Verkauf zusammengetrieben werden, da unser Chef ausschließlich Wasserbüffel züchten wollte. Es waren etwa 70 Exemplare, die seit Monaten mehr oder weniger unbeaufsichtigt in einem sehr trockenen Teil der Wildnis herumstreunten. Ein kleiner Corral war in der Nähe aufgebaut, ausreichend groß und mit einem einzigen Baum in der Mitte – mein Glück, wie sich später herausstellte. Das Zusammentreiben war äußerst mühsam. Die Rinder hatten absolut kein Interesse daran, dieses ungebundene Leben aufzugeben. Drahtig, mager, zäh und mit langen, sehr spitzen Hörnern bewaffnet, trieksten sie uns immer wieder aus.

Endlich hatte ich eines in den Corral getrieben und wollte von innen das Gatter befestigen, das aber leider klemmte. Ich hätte es besser von außen probieren sollen. Die Kuh sah mich und griff sofort an. Die Biester sind erstaunlich schnell und so hatte ich nur eine Chance, den bedrohlichen Hörnern auszuweichen: blitzschnell immer wieder um den einen Baum in der Mitte herumzurennen. Dabei brüllte ich aus voller Kehle um Hilfe. Irgendwann kamen die beiden anderen angerannt und konnten sich vor Lachen kaum auf den Beinen halten. Na toll!

Die Brisanz dieser Begegnung hatte ich noch sehr gut in Erinnerung und so ließ ich Mama Büffelkuh und ihren Kleinen ohne Bedauern in der Weide zurück.

Es fühlt sich manches gut an und auch etwas romantisch, wenn ich jetzt im Rückblick über diese Zeit nachdenke. Aber Erinnerung verklärt oft. Einzelne Szenen, die keinesfalls romantisch waren, tauchen beim Erinnern ebenfalls auf: Der primitive Schlachthof zum Beispiel, zu dem wir fünf Büffel gebracht hatten. Durch einen Gang, der außerhalb des Schlachthofes anfing und der nach oben offen war, mussten die Bullen bis in das Innere des Gebäudes laufen. Oben über den massiven Stangen turnten halb erwachsene Jungen herum und wollten mir, der deutschen Frau, imponieren. Sie hangelten nach den Schwänzen der Bullen, rissen sie hoch und brachen sie. Das Knacken und das Gebrüll vermischten sich mit dem Johlen der Jugendlichen, bis mir schlecht wurde. Ich ging zum Auto und setzte mich auf die Ladefläche des Pick-ups, damit die Jugendlichen mich nicht mehr sehen konnten. So hatten sie keinen Anlass mehr für diese Tierquälerei.

Ich erinnere mich auch noch an einen der Männer aus dem Dorf, dessen Hund eine Augenerkrankung hatte, der es aber nicht als notwendig ansah, mit ihm zum Tierarzt zu gehen. Wahrscheinlich hätte er ihn auch nicht bezahlen können. Also beschränkte sich seine Heilmethode darauf, dem Hund mehrmals täglich Zitronensaft in das erkrankte Auge zu tröpfeln. Auch die toten Hunde und Katzen, die entlang der Straßen in der heißen Sonne lagen, manchmal mehrere hintereinander auf kurzer Strecke und die niemanden zu stören schienen, trübten das Bild der tropischen Idylle.

Vieles aus dieser Zeit wurde mir in seiner Ambivalenz und Problematik erst deutlich, nachdem sich mein Denken, meine Sicht auf das Leben, auf Menschen und Tiere zu ändern begonnen hatte. Auslöser waren nur vier Sekunden, die alles veränderten. Eine intensive innere Erfahrung lockte mich, eine Taufscheinchristin par excellence, zurück auf den Weg des Glaubens und brachte mir damit urplötzlich und völlig überraschend einen Impuls für neue Perspektiven, eröffnete mir einen ganz neuen Weg. Mitten im venezolanischen Dschungel hatte mich völlig überraschend beim Lesen eines christlichen Buches der Anruf Gottes erreicht.

Der Witz dabei war, dass ich eigentlich seit vielen Jahren mit Gott und Kirche nichts mehr zu tun haben wollte. Aber aus Mangel an Literatur hatte ich unseren deutschen Chef um Lesestoff gebeten, und er gab mir ausgerechnet ein christliches Buch, das ich mit wenig Begeisterung zu lesen anfing. Wie ein Blitz oder wie eine unerwartete Berührung kam die Erkenntnis. Es waren nur vier Sekunden, aber danach wusste ich: Meine Sicht auf die Welt musste sich ändern. Der Sinn meines Lebens lag in einem Leben mit Gott. Es war die einschneidendste Zäsur, ein alle Prioritäten neu setzender Bruch in meinem Leben. Natur war jetzt Schöpfung, Leben hieß nun, Gott suchen und lieben, und ich begann, alles mit anderen Augen zu betrachten. Es war der Beginn eines umwälzenden Prozesses.

Das bedeutete aber für mich auch: War mein Leben hier in Venezuela der richtige Weg? Musste ich etwas ändern? Aber wenn ja, was? Hatte Gott einen Auftrag für mich?

In dieser sehr schwierigen und unruhigen Zeit kauften wir die erste Ziege. Vor der Fertigstellung des Farmhauses draußen bei den Büffeln bewohnten wir zunächst noch ein kleines Häuschen mit etwas Garten drum herum im Dorf. Hier bevölkerten schon drei Hunde Haus und Gelände, ein junger Büffel hatte kurz Station gemacht und war anschließend in die große Herde integriert worden.

Nun also kam Tante Ida dazu, eine hübsche schwarz-weiße Ziege, wahrscheinlich Criollo-Rasse. Wir nannten sie aus Jux so, weil ihr Gesicht angeblich dem einer Tante ähnelte. Ich freute mich sehr über den Zuwachs für unsere kleine Menagerie. Ziegen hatten schon immer zu den Tieren gehört, die mich neugierig machen. Aber uns erging es nicht viel besser mit Tante Ida als den Viehhaltern, von denen Valerie Porter in ihrem Ziegenrassenbuch berichtet. Wir hatten schlichtweg keine Ahnung, was eine Ziege braucht. Gras war zwar da und ein paar kleine Bäume, deren Blätter sie knabberte, auch. Sie bekam natürlich Wasser und Gott sei Dank hatte das kleine Haus einen weit überdachten Eingangsbereich. Er bot ihr einen wichtigen Schutz vor den sintflutartigen Regenfällen der Tropen. Ausreichend war das aber nach meinem heutigen Kenntnisstand auf keinen Fall. Wie hart im Nehmen Tante Ida war, merkten wir nach ein paar Wochen.

Eines Tages kamen wir nach Hause und schon beim Verlassen des Pick-ups hörten wir das laute Jaulen und Winseln der Hunde. Eilig gingen wir den Geräuschen nach und fanden Tante Ida im Garten. Sie stand dort mit dem Rücken zur Wand – im realen wie im übertragenen Sinn – und senkte angriffslustig und zu allem entschlossen die Hörner. Hinter ihr lag ein winziges Ziegenkitz im Gras und ein feiner Blutgeruch stieg uns bald in die Nase. Vor ihr wüteten unsere Hunde. Sie sprangen wie wild auf der Stelle, völlig außer sich mit überkippenden Stimmen und bellten, winselten und heulten mit voller Lautstärke. Rasch sperrten wir die Hunde ins Haus, gaben Tante Ida frisches Wasser und bestaunten das kleine, noch mit blutigem Schleim bedeckte Wunder. Lenchen, so nannten wir sie spontan, schien alles gut überstanden zu haben, und auch Tante Ida beruhigte sich schnell. Was für eine Kämpferin war diese Ziege! Eine drohende Gefahr durch die Hunde vor sich und das mitten in einer Geburt, die bei Ziegen durchaus ein paar Stunden dauern kann. Ich fand es bewundernswert.

Einige Zeit später kam Onkel Bosco dazu, ein kleiner brauner Ziegenbock mit vielen Farbtönen im Fell. Hier machte sich meine Unwissenheit besonders schmerzhaft bemerkbar. Das Futter war nicht ausreichend, auch wenn unsere Mini-Ziegenfamilie außerhalb des Hauses am Grünstreifen grasen konnte. Bei unseren ersten Versuchen, Büffelkäse herzustellen, fiel jedes Mal Molke an. Ein wässeriges Nebenprodukt der Käseherstellung, sehr mineralstoffreich und kalorienarm, mit einem Eiweißgehalt, der für Menschen sehr entschlackend wirken kann. Für Ziegen und ihren empfindlichen Pansen enthält sie aber viel zu viel Eiweiß. Die Molke mochten sie gern – leider – und so soffen sie immer wieder aus dem Eimer, den ich ihnen hinhielt. Ich wusste es nicht besser. Tante Ida und Lenchen haben es irgendwie verarbeiten können. Onkel Bosco nicht. Er wurde krank, sein Pansen versagte und er starb.

Tierliebe ist ein seltsames Verhalten von uns Menschen. Seitdem unsere Spezies Homo sapiens Tiere domestiziert, war nie nur der Nutzwert von Bedeutung. Die Kinder der Nomaden, die vor etwa 4000 Jahren die ersten Ziegen an sich gewöhnten, haben sicher auch mit den niedlichen Ziegenbabys gespielt. Tierliebe aber macht gewaltige Unterschiede. Für süße Hundewelpen oder kleine Kätzchen geben wir manchmal viel Geld aus und verhätscheln sie über alle Maßen. Nutztiere müssen jedoch Profit bringen, je mehr umso besser. Dabei sind auch kulturelle Gegebenheiten für die große Bandbreite der jeweiligen Beziehungen zwischen Mensch und Tier entscheidend. Im westeuropäischen Raum werden Hunde oft als der beste Freund des Menschen bezeichnet, in China gelten sie als eine Delikatesse. Bei uns suchen Verbraucher im Supermarkt nach den günstigen Sonderangeboten für Rinderhack, Steaks und Suppenfleisch, in einigen Provinzen Indiens gelten Kühe als heilig und als unantastbar.

Man kann es drehen und wenden wie man will – was unsere Tierbeziehungen angeht, messen wir mit sehr unterschiedlichem Maß. Wir bewerten Tiere in höchst unterschiedlicher Weise. Schaut man tiefer, zeigt sich in jeder Form der Tierliebe ein kräftiger Anteil von Egoismus. Diese Tatsache verdrängen wir gern. Für mich tauchten diese Gedanken schon ganz leise während des Alltags auf der Farm auf. Aber sie waren sehr leise und gingen in der Arbeit mit ihren Sorgen und Sachzwängen unter.

***

Irgendwann war unser südamerikanisches Abenteuer zu Ende und wir kehrten nach Deutschland zurück. Nicht ohne ein großes Bedauern. Ich erinnere mich noch gut an den ersten Blick in die Runde des Frankfurter Flughafens, als wir das Gate verließen. Lange hatte ich nicht mehr so viele gut gekleidete und gut genährte Menschen auf einmal gesehen, von denen die meisten trotzdem missmutige, gehetzte oder gelangweilte Gesichter hatten. In diesem Moment wünschte ich mir sehnlichst, einfach sofort zurückfliegen zu können.

Bis heute, mehr als 30 Jahre danach, spüre ich: Mindestens ein Viertel meines Herzens ist bleibend in diesem traumhaft schönen Land geblieben, und die politischen und wirtschaftlichen Wirren dort schmerzen mich bei jeder Nachrichtensendung. Die Rückkehr nach Deutschland bedeutete für mich aber vor allem, die intensiven und unterschiedlichen Erfahrungen dieses südamerikanischen Jahres zu verarbeiten und den neuen, alten christlichen Glauben wiederzuentdecken. Ihn vor allem zu leben! Ich hätte nie gedacht, wie sehr mir Ziegen dabei eine Hilfe werden würden.

Kapitel 2:
Eine Ziegenklause im norddeutschen Flachland

Der Weg von der venezolanischen Büffelfarm in die norddeutsche Einsiedelei dauerte ein paar Jahre. Es waren Jahre voller schwieriger und langwieriger Suchprozesse. Aber auch Jahre voller Freude. Immer tiefer und immer umfassender in eine innige Gottesbeziehung hineinzuwachsen war der wichtigste Antrieb in dieser Zeit, egal wo und wie ich lebte.

Die intensive Erfahrung in Südamerika, der überraschende Anruf Gottes und der Versuch, den christlichen Glauben wiederzufinden und neu zu leben, beanspruchten mich außerordentlich. Nach vielen Überlegungen, Gebeten und Versuchen in christlichen Gemeinschaften wurde mir klar: Ich habe eine Berufung zur Einsiedlerin. Viele Freunde tippten sich damals verstohlen an die Stirn. Aber die innere Sicherheit war eines Tages so groß, dass ich es einfach versuchen musste.

Nachdem mir klargeworden war, welchen Platz ich in dieser Welt einnehmen, welche Aufgaben ich übernehmen sollte, kam eine wahrlich nicht leichte Phase der Umsetzung. Denn wie und vor allen Dingen wo sollte ich – oder besser: konnte ich – überhaupt als Einsiedlerin leben? Als eine Einsiedlerin im 20. Jahrhundert im dichtbevölkerten Deutschland!

Letztendlich fand ich ein altes Heuerhaus, das wie geschaffen war für das, was ich wollte, und welches ich mieten konnte. Heuerhäuser waren eine typische Wohnstätte für die Landarbeiter, die es in Norddeutschland seit dem 17. Jahrhundert in zunehmender Zahl gab und für die es Wohnraum geben musste. Heuerleute, auch Heuerlinge genannt, waren Landlose, die für einen Großbauern sogenannte Hand- und Spanndienste leisten mussten und im Gegenzug dafür ein kleines Stück Land bekamen, auf dem sie ein Häuschen und einen Stall bauen durften. Dafür standen sie dem Großbauern fast rund um die Uhr zur Verfügung, wenn er sie brauchte. Sie besaßen meist ein oder zwei Kühe, ein Schwein, ein paar Hühner und durften einen Garten und höchstens ein oder zwei Hektar Acker selbstständig bepflanzen und bestellen. In der Regel reichten die Erträge einer solchen Mini-Landwirtschaft nicht aus, um die großen Familien zu ernähren. Viele der Heuerleute beziehungsweise ihre Angehörigen hier in unserer Gegend gehörten darum zu den Hollandgängern, Männer und auch Frauen, die in großen Gruppen für einige Monate im Jahr hinüber nach Holland wanderten. Dort gab es Arbeit und dringend benötigtes Geld.

Im 19. und 20. Jahrhundert entschlossen sich jedoch viele der Heuerleute, in die USA oder nach Südamerika, vor allem nach Brasilien, auszuwandern, weil sich die Lage in Deutschland nicht besserte. Es war eine existenzielle Not, die sich heute in Deutschland kaum noch jemand vorstellen kann. Diese Menschen waren Wirtschaftsflüchtlinge, die ihre Heimat verlassen mussten, um zu überleben. Das Heuerhaus, in dem nun die Einsiedelei entstand, war ungefähr 100 Jahre alt.

Mithilfe meiner Familie, vieler Freundinnen und Freunde sowie anderer liebenswerter Helfer wurde nach und nach aus dem verwahrlosten, zugemüllten und fast unbewohnbaren alten Haus die Klause St. Anna. Während wir über ein Jahr lang die ersten Renovierungen in Angriff nahmen, fast ohne Geld und mit vielen Improvisationen, blieben meine Blicke oft an den Nebengebäuden hängen. Die große Scheune war noch anderweitig vermietet. Um die brauchte und konnte ich mich nicht kümmern. Die Remise mit dem Dachboden voller Gerümpel darüber sollte später als Holzschuppen dienen und als Unterstand für diverse Gartengeräte. Aber da war ja noch der kleine alte Stall an der Seite mit den verrosteten Resten eines Metallzauns drum herum. Was hatten die ursprünglichen Bewohner dort wohl gehalten? Hühner? Schweine? Wofür war aber die gemauerte Minihütte an der Außenwand? Für einen Hund? Ich begann zu träumen. Was wäre, wenn... ich den Stall für ein paar Ziegen herrichten könnte?

Der Traum begann konkrete Formen anzunehmen, nachdem ich endlich, endlich einziehen konnte. Zusätzlicher Antrieb für meinen Ziegentraum war im Sommer das elendige Rasenmähen. Im Mietvertrag stand die Klausel, dass das Gelände um das Haus nicht verwildern dürfe. Es nutzte also nichts: Rasen mähen war alle 14 Tage ein Muss. Mein alter Rasenmäher war ein unwilliges Monstrum, das nur unter Protest ansprang, nach Abgasen stank und einen Höllenlärm veranstaltete. Ziegen dagegen sind immer bereit, jeden Grashalm abzuknabbern, brauchen höchstens Wasser dazu und sind leise, von einem zarten Meckern zwischendurch mal abgesehen. Dachte ich jedenfalls. Aber ich wusste, sie müssen einen stabilen Zaun haben, denn irgendwie scheinen Ziegen mit Harry Houdini verwandt zu sein, dem großen Entfesselungskünstler im Amerika des 20. Jahrhunderts (1874–1926).

Da ich ein Bücherwurm bin, stapelte sich neben meinem

Bett und in diversen Regalen bald eine stattliche Anzahl an Ziegenbüchern. Und da stand sehr deutlich drin, dass Ziegen jede Schwachstelle in einem Zaun finden und gnadenlos ausnutzen würden. Die Vorstellung, ein paar Ziegen zu halten, wurde immer attraktiver. Aber zunächst fehlten die Zeit und das Geld, den Traum zu verwirklichen. Eremitinnen leben ein intensives Gebetsleben und müssen außerdem noch selbst für ihren Lebensunterhalt sorgen. Sie bekommen also keinen Scheck von ihrem Bischof. Und die Renovierungen liefen ja weiter. Das füllte den Tag und die halbe Nacht zur Genüge aus.

Aber der Traum blieb, und nach und nach begann ich den Stall umzurüsten. Eine Gruppe junger Maurer zog an der zusammengefallenen, offenen Seite eine neue, stabile Wand hoch, sodass der Stall geschlossen war. Ich hatte in einer berufsbildenden Schule in der Nähe einen Vormittag lang im Religionsunterricht vom Eremitentum erzählt, und die Jungs waren sozusagen ein hoch willkommenes Honorar. Mit einem Stapel Holzbretter baute ich eine Trennwand und ein Podest als gemütliche Ruhezone. Einen alten Lattenrost verwandelte ich in eine große Heuraufe. Das Gerümpel vom Dachboden der Remise holte der Schrotthändler ab und so war Platz für das wichtige Raufutter: Heu und Gerstenstroh. Unterdessen sammelte ich in einem großen Joghurtbecher das Geld für einen Zaun. Ein mühsames Geschäft, denn Einsiedlerinnen und Einsiedler arbeiten in der Regel nur so viel, dass es gerade zum Leben reicht.

Es dauerte eine ganze Weile, bis ich im Baumarkt das notwendige Material einkaufen konnte: Recyclingpfosten, Drahtgeflecht und Krampen, Befestigungshaken, die mit dem Drahtgeflecht eingeschlagen werden. Und dann war alles fertig, na ja, fast. Der Laufhof, das ist der Bereich, der den Ziegen ständig offen stehen muss und in den sie Tag und Nacht hineinkommen können, war noch sehr klein. Auch die Weide war noch nicht komplett umzäunt. Aber ich hatte den Kindern von benachbarten Bauersleuten von meinem Ziegenwunsch erzählt. Begeistert wollten sie beim Abholen dabei sein und fragten nach jedem Kirchenbesuch, wann es denn nun endlich so weit sei.

***

Also fuhren wir an einem schönen Maitag mit mehreren Autos los, um bei einem Landwirt meine Ziegen auszusuchen. Er hielt auf einer großen Weide eine Zwergziegenherde, die sofort neugierig in unsere Nähe kam. Es war eine bunt geschecktem, farbenfrohe und quirlige Bande verschiedenen Alters, die durcheinanderlief und erwartungsvoll meckerte. Ich hatte den Kindern versprochen, dass sie zwei Ziegen aussuchen und ihnen auch die Namen geben dürften. Das war eine schwere Entscheidung für sie.

Nach langen Beratungen am Zaun kaufte ich eine weiß-hellbraun-beige Zwergziege mit einer x-förmigen hellen Zeichnung über einem dunklen Gesicht. Sie bekam nach einigem Hin und Her den Namen Frieda. Die andere war schwarz mit einem weißen dreieckigen Fleck auf dem Bauch und hieß ab sofort Alice. Beide bekamen ein neues Halsband, an dem ein langer Strick befestigt war, und wir schoben sie in eines der Autos hinter die Rückwand auf eine Ladefläche. Eigentlich für Hunde gedacht war sie groß genug, dass die beiden Zwergziegen gut nebeneinander stehen konnten. Und ab ging es in ihre neue Heimat.

Die Fahrt verlief zügig und sehr still. Froh darüber, dass alles so leicht vonstatten gegangen war, hielt ich unterwegs die beiden Stricke in der Hand. Habe ich gespürt, wie es den Tieren ging? Hätte ich es spüren müssen? Die Tiere waren nicht einfach nur still. Sie hatten Angst und waren total verwirrt, denn natürlich konnten sie nicht verstehen, was mit ihnen gerade passierte. Ihre Augen waren weit geöffnet, die Nüstern gebläht und ihr Atem ging hastig. Man hätte sagen können, dass die Fahrt ja nicht lang sei und sie das schon überstehen würden,… außerdem seien es bloß zwei kleine Ziegen. So oder ähnlich hätte man die Situation von damals kommentieren können. Es ist tägliche Realität für Millionen Nutztiere.

Für mich stellte sich aber nach der Ankunft der Tiere auf dem Gelände der Klause die ganze Situation völlig anders dar. Ich hatte beide in den neuen Stall gebracht. Gutes Heu und frisches Wasser standen parat. Im späteren Laufhof war eine Ecke abgeteilt, zu der sie Tag und Nacht Zugang hatten. Meiner Meinung nach war das gar nicht so schlecht.

Nicht so für Frieda und Alice. Sie standen wie erstarrt in der kleinen Ecke, fraßen kaum und am anderen Morgen stand Frieda am Zaun und zitterte. Der ganze kleine Körper flog und flatterte und nichts konnte sie beruhigen. Panik pur. Ich habe ungefähr zwei oder drei Stunden in ihrer Nähe gesessen und versucht, sie zu streicheln, mit leisen Worten zu beruhigen, ihr Möhren und Apfelstückchen als Leckerlis zu geben – nichts zu machen. Die Panik blieb. Also rief ich in einer Tierarztpraxis an, in der – Gott sei Dank! – eine Tierärztin war, die sich mit Ziegen auskannte.

Als ich ihr die Situation schilderte, riet sie mir: „Geben Sie ihr einen Kräuterschnaps!" Wie bitte? „Ja, Kräuterschnaps, der wirkt bei Ziegen ähnlich wie beim Menschen." Also ein weiterer Anruf bei einem befreundeten Bauern, der nach erstem Erstaunen – „Was willst du denn mit Schnaps?" – mit einer Flasche und einer Spritze, ohne Kanüle natürlich, auf den Hof kam. Frieda bekam nach kurzem Kampf einen doppelten Jägermeister vorsichtig ins Maul gespritzt. Sie leckte sich eine Weile die Lippen, ging in den Stall und schlief tief und fest bis zum anderen Morgen. Ihre Panik war verschwunden.

***

Ich habe an diesem Abend noch lange sehr nachdenklich und still in meiner Kapelle gesessen, habe gebetet und meditiert. Die Kapelle einer Einsiedelei ist das Herzstück des ganzen Hauses, ja des ganzen Geländes. Hier bete ich nicht nur, sondern hier versuche ich alles, was geschehen ist, alles was in mir an Gedanken und Gefühlen abläuft, mit den Augen Gottes anzuschauen.

An diesem Abend tauchte langsam in meinem Kopf eine Erinnerung auf. Mitten in meinen so schwierigen Suchprozessen war ich in einer Phase gewesen, in der ich keine eigene Wohnung mehr hatte und auch kein Geld, um eine zu mieten. Bei Freunden unterzukommen ist in solchen Momenten eine liebe Hilfe, aber immer will man sein Wohnzimmer oder selbst das Gästezimmer nicht mit einer familienfremden Frau belegt haben. Besuch, so sagt man bei uns, ist wie frischer Fisch: Nach drei Tagen stinkt er. Ich kann mich noch sehr gut daran erinnern – ich hatte in dieser Zeit keinen eigenen Raum für mich, wo ich allein sein konnte, einen Raum, um mich zum Beispiel mal richtig auszuheulen. Stattdessen ging ich in kleine stille Kapellen, in denen selten jemand saß. Oder marschierte abgelegene Schrebergartenwege auf und ab, um endlich allein sein zu können und zu weinen.

Der Weg in die Einsiedelei war sehr lang und nicht leicht. Die Unsicherheit, aber auch die Angst, den Weg, den Gott mir zeigte, zu verlieren, nicht zu wissen, wo und wie es weitergehen kann, hatten manchmal auch einen leisen Geschmack von Panik. So ähnlich müssen es Frieda und Alice empfunden haben: aus der großen Herde herausgerissen und jetzt nur noch zu zweit. Von der großen Weidefläche mit den verschiedenen Möglichkeiten, Gemeinschaft mit der Herde zu haben oder sich in Ruhe zurückzuziehen, in meinen kleinen Stall mit seinen geringen Auslaufmöglichkeiten. Eine abrupte, eine nicht vorhersehbare Umstellung. Es muss ihnen wie eine Naturkatastrophe vorgekommen sein.

Friedas Panik war für mich völlig verständlich. Ich konnte ihre große Angst gut nachvollziehen, sie sogar ein Stück weit nachempfinden. Menschen, die noch nie mit Tieren zusammengelebt haben, können sich meist nicht vorstellen, dass Tiere Gefühle haben. Andere erzählen von ihren Erfahrungen, die das Gegenteil beweisen. „Viele Haustierbesitzer können Lieder singen von der Freude oder Niedergeschlagenheit ihrer Gefährten. Und wichtiger scheint, dass auch unwiderrufliche Fakten – durch aktuelle verhaltensbiologische Untersuchungen – ins Spiel kommen, nicht mehr zu leugnende Aussagen über das Gefühlsleben von Tieren, mehr als nur romantische Geschichten. Harte Fakten sind der Hormonstatus im Blut eines Tieres und Aussagen über die Hirnstrukturen; harte Fakten sind über Monate erfolgte Verhaltensbeobachtungen. Sie machen deutlich, dass Tiere über reiches emotionales Leben verfügen. Angst, Zufriedenheit sind Charaktereigenschaften, die Tieren zukommen."[3]

Rettungsversuche durch Menschenaffen

Empathie, die Fähigkeit und Bereitschaft zur Einfühlung, wird zu den ureigensten menschlichen Fähigkeiten gerechnet. Sie ist eine der Voraussetzungen für eine soziale und moralische Verfasstheit der menschlichen Gesellschaft. Immanuel Kant schrieb schon in seiner Theorie der praktischen Vernunft, dass Moralität sich selbst genug sei, sie brauche keine Begründung von etwas, das außerhalb ihrer selbst liege. Moral ist vernünftig für alle, die in einer Gesellschaft leben, denn sie nutzt letztendlich jedem.

In der goldenen Regel des Matthäusevangeliums ist die christliche Grundlage dieser Überzeugung formuliert, die wie die ganze Bergpredigt Jesu eine bewährte Leitlinie für ein erfülltes Leben ist. „Alles, was ihr wollt, dass euch die Menschen tun, das tut auch ihnen!" (Matthäus 7,12a) Bis vor einigen Jahrzehnten wurde Empathie ausschließlich dem Menschen zugeschrieben, bei Tieren sprach man nur von instinktgesteuertem Verhalten. Empathie ist kein ursprüngliches Gefühl wie Freude, Lust oder Trauer. Empathie zu haben bedeutet auf die Gefühle des anderen zu reagieren, sich in den anderen einzufühlen. Wenn Empathie aber die Reaktion auf die Emotion eines anderen ist, können auch Tiere empathisch sein.

Der Verhaltensforscher Frans de Waal ist durch seine Forschung mit Primaten, mit Menschenaffen, zu Erkenntnissen gekommen, die unseren Blick auf Tiere massiv verändert haben. In seinen Büchern beschreibt er viele Situationen, die er miterlebt hat, wie zum Beispiel die Geschichte des Bonoboweibchens Kuni, die in einem britischen Zoo lebte.

Die Bonobos sind eine weniger bekannte Menschenaffenart und de Waal beobachtete eines Tages, wie ein Vogel gegen die Glasscheibe von Kunis Gehege prallte und auf den Boden stürzte. Die Äffin ging zu dem Vogel hin und stellte ihn wieder auf seine Füße. Aber er bewegte sich nicht, weil er von dem Aufprall noch zu stark benommen war. Kuni startete mehrere Versuche, um den Vogel wieder zum Fliegen zu bringen. Ohne Erfolg. Zum Schluss setzte sich das Bonoboweibchen neben den Vogel auf den Boden, schützte ihn vor einem neugierigen Jungaffen und wartete, bis er sich erholt hatte und davonflog.[4]

Ein Affe, der erkennt, dass ein Vogel verletzt ist und Schutz braucht. Ist das Empathie? Instinktgesteuertes Verhalten kann es nicht sein. Kuni war im Zoo aufgewachsen. Niemand hatte ihr beigebracht, Vögel zu schützen oder sie gelehrt, dass Vögel fliegen müssen, um leben zu können. Sie hatte die Vögel beobachtet und erkannt, dass der Vogel Hilfe brauchte.

***

Viele Tiere verstehen, was andere Tiere oder was einen Menschen bewegt. Sie können spüren, was das Gegenüber fühlt. Ich habe oft Menschen zum Gespräch, die mir ihren Kummer erzählen oder um das Gebet bitten. Natürlich bete ich in meiner Kapelle für diese Menschen und ihre Anliegen. Aber ich nehme vieles davon mit, tief in mein Herz hinein, und bin deshalb manchmal traurig oder niedergeschlagen. Wenn ich später im Ziegenstall sitze – der natürlich inzwischen wesentlich größer ist als am Anfang – kommen garantiert mehrere Ziegen nacheinander zu mir. Sie legen ihren Kopf auf meine Schulter oder lehnen sich an mich. Es geht ihnen nicht immer darum, gestreichelt zu werden. Es ist auch manchmal so, als wollten sie mich trösten.

Vor allem Alice hat ein gutes Gespür für meine Gefühle. Sie war damals die Erste, die sich traute, auf mich zuzugehen. Ich saß in den ersten Wochen nach ihrer Ankunft häufig einfach nur im Stall oder draußen auf einem Holzklotz im Gehege. Die Ziegen sollten sich in Ruhe an mich gewöhnen und begreifen, dass von mir keine Gefahr ausgeht. Aber tagelang wichen sie aus. Nur Alice suchte manchmal Blickkontakt mit mir, erst zaghaft, dann mutiger, schließlich kam sie vorsichtig näher. Sie schnupperte an meinen Knien, an der Hand, die ich langsam ausstreckte, fand das Stückchen altes Brot, nahm es sehr sanft, sehr vorsichtig mit ihren weichen Lippen von meiner Handfläche und knusperte und kaute es mit sichtlichem Genuss. Gleich darauf suchte sie auf meiner Hand, ob vielleicht noch ein paar Krümelchen zu finden wären, und ließ sich kraulen. Der Bann war gebrochen.

Wie wenig Ahnung ich damals trotz der vielen Ziegenbücher von meinen Zwergen, ihrem Leben und ihren Bedürfnissen hatte, zeigte sich vier Monate nach ihrer Ankunft auf höchst überraschende Weise. Ich hatte mit einem Elektrozaun die Weide umgrenzt, Frieda und Alice schienen gemütlich wiederkäuend im Gras zu liegen. In der Küche dampfte eine Suppe auf dem Herd und ich wollte mich gerade zum Essen setzen, als es draußen schrie. Laut, hell und irgendwie quäkend.

Naturbeobachtungen sind für mich eine tägliche Freude und die verschiedenen Laute der Tiere bei Tag und bei Nacht sind mir vertraut. Aber diesen Schrei konnte ich nicht zuordnen. Vogel? Reh? Vielleicht eine Katze? Die Suppe vom Herd stellen, in andere Schuhe schlüpfen, Stromzaun ausschalten und raus auf die Weide rennen dauerte nur fünf Sekunden.

Alice stand hinten in einer Ecke der Weide und irgendetwas lag zu ihren Füßen. Schwarz, klein, und es bewegte sich. Oh, ein verletzter Vogel? Ich ging vorsichtig näher und blieb mit offenem Mund stehen: Ein winziges Zwergziegenbaby lag im Gras und Alice begann es hingebungsvoll abzulecken. Sie war trächtig gewesen und ich hatte nichts davon gemerkt. All die Unruhe und Angst, der ganze große Stress der letzten Monate – und sie war trächtig gewesen und hatte das kleine Wunder des Lebens trotzdem nicht verloren.

Zwergziegen tragen ungefähr fünf Monate bis zur Geburt. Das bedeutete, kurz vor dem Wechsel zu mir war der Deckakt geschehen und der Anfang dieses einen neuen Lebens gesetzt worden. Ich ging zwei Schritte zurück und setzte mich ins Gras, um zuzuschauen und Gott zu danken. Zu danken für dieses kleine wunderschöne Wesen, das jetzt unsicher und stolpernd das Euter suchte und die ersten Tropfen der wichtigen Biestmilch, der ersten Muttermilch, trank. Ich konnte meine Augen kaum abwenden von diesem Bild. Die kleine Ziege war tatsächlich vollkommen schwarz, ich konnte kein einziges weißes Haar erkennen. Alice mühte sich weiterhin eifrig ab, ihr Kitz trocken zu lecken, während das kleine schwarze Wesen sich ins Gras plumpsen ließ.

Es wird immer wieder Stimmen geben, die hier nur einen normalen und gut verlaufenden biologischen Prozess der Reproduktion eines Säugetieres von der Gattung *Capra* sehen werden. Ich empfand in diesem Moment tiefe Ehrfurcht und große Dankbarkeit. Rational betrachtet war das bloß eine weitere Zwergziege auf der Welt. Eine Zwergziege, von der es Millionen gibt auf diesem Planeten. Aber mir wurde plötzlich bewusst, was für ein Geschenk dieses Neugeborene war. Ein kleines, vielleicht unscheinbares, aber trotzdem großartiges Geschenk des Lebens.

In früheren Jahren habe ich einmal Fotos und später einen Film über die Entstehung eines Menschen gesehen von der Verschmelzung der Eizelle mit dem Samen bis hin zur Geburt. Beeindruckende, ja berührende Bilder, die mir lange nachgingen. Diese kleine schwarze Ziege vor mir liegen zu sehen erinnerte mich wieder daran. Auch hier war ganz im Verborgenen ein neues Geschöpf entstanden und durfte nun leben. Was für ein Geschenk! Das Leben als ein Geschenk, das ich mir, das sich niemand selber geben kann. Es ist ein überaus kostbares Geschenk, das ermöglicht, gefördert, beschützt und behütet werden muss.

Wenn in der Genesis, dem ersten Buch der Bibel, von der Erschaffung der Welt berichtet wird, tauchen Geschichten und Begriffe auf, die zum Allgemeingut geworden sind: Am Anfang herrscht das Tohuwabohu, das Chaos; Licht und Dunkel trennen sich und werden zu Tag und Nacht; das Paradies als Traum eines sorgenlosen Lebens; Adam und Eva; der Baum der Erkenntnis; die Schlange. Diese Erzählungen sind keine Reportagen oder History-Dokumentationen über den Beginn von allem. Diese jahrtausendealten Texte entfalten in einfachen Bildern die Urgestalt, den Urgrund allen Lebens – aus der heilenden Zuwendung des guten Schöpfergottes (vgl. Genesis/1. Mose 1,26 f.). Ein Heilswille und die überschäumende Kreativität eines Gottes, der die Erde mit allem, was auf ihr lebt, als Lebensraum für alle erdacht und erschaffen hat. Und dieser Wille hört nie auf und ist unwiderruflich! In diese Welt, in dieses Lebenshaus setzt er den Menschen. Gott erschafft ihn „… als unser Bild, uns ähnlich!" und der Auftrag für dieses Geschöpf ist klar: Es soll diese Welt gestalten, hüten, schützen und pflegen (vgl. Genesis/1. Mose 1,26-30).

Während ich im Gras saß und die Augustsonne die ganze Szene ausleuchtete, musste ich an den Psalm 104 denken. Er gehört zu meinen Lieblingspsalmen und taucht in meinem Gebetbuch, dem sogenannten Stundenbuch, immer wieder auf. Der Psalm ist ein großartiger Hymnus auf den Schöpfer und buchstabiert mit einem Panoramablick das Geheimnis der Liebe Gottes zu seiner Welt, seiner Schöpfung durch. Wie ein königlicher Prachtmantel sei das Licht, erzählt dieses uralte Loblied auf das Leben, es sei wie ein Ornat, in den Gott sich hüllt; der Himmel wie sein Zelt, die Winde seine Boten und seine Diener das Feuer und die Flamme. Der Mond ist das Maß der Zeit, vom Schöpfer vorgegeben, die Sonne geht nach Gottes Angaben auf und unter. Die Erde gründete Gott auf ein festes Fundament und er lässt Quellen sprudeln in den Bergen als Tränke für alle Tiere. Der Gesang der Vögel erklingt aus den Bäumen und Gottes Schöpfermacht lässt das Gras sprießen für das Vieh. Auch Nahrung für den Menschen „damit er Brot gewinnt von der Erde und Wein, der das Herz des Menschen erfreut; damit er sein Angesicht erglänzen lässt mit Öl" (Psalm 104,15). Gaben Gottes, damit Menschen und Tiere gemeinsam im großen Lebenshaus der Erde in Frieden wohnen können.

Ein wundervolles Bild, ein zutiefst friedliches Bild – und eine Utopie. Ich betrachtete die kleine Zwergziege, die erneut am Euter von Alice schmatzte und wusste, weit sind wir noch von diesem Frieden entfernt. Allmählich begann es kühler zu werden und ich holte neues Stroh für den Stall, um beiden eine gute Unterlage für die Nacht zu geben, und füllte frisches Wasser in den Tränkeeimer. Langsam brachte ich Alice und ihre Tochter hinein und schloss die Tür.

***

Am nächsten Morgen wachte ich mit der Frage auf, wie ich das neugeborene Zicklein nennen sollte. Was Tiere betrifft, habe ich mich schon als Jugendliche geschüttelt, wenn der Hund Wauwi hieß und die Katze Schnucki. Manche Menschen geben ihren Haustieren einen Namen, der das Tier für alle Zeiten verniedlicht oder deutlich macht, dass „Honey" und „Sweety" ein Ersatz für menschliche Nähe sind. Über Zwergziegen findet man zum Beispiel im Internet Videos auf YouTube, wo jungen Zwergziegen eine Art selbst gestrickter Pullover übergezogen wurde, der nicht nur extrem farbenfroh gestaltet ist (um es mal freundlich auszudrücken), sondern auch sträflich gegen eine artgerechte Haltung verstößt.

Wie sollte aber Alice` Tochter heißen? Witzigerweise hatten die Kinder, mit denen ich die ersten Ziegen geholt hatte, ziemlich passende Namen für meine ersten zwei gewählt: Frieda, inzwischen schon alt und als langjährige Chefin und Leitziege meiner Herde immer bemüht, Streitende auseinanderzutreiben. Frieda kommt aus dem Althochdeutschen *fridu* und hat sich zu unserem Begriff Frieden entwickelt. Im Vornamen Alice, der aus dem Französischen stammen soll, steckt der Begriff des adeligen Standes. Auch das passt auf Alice recht gut. Sie ist eher vornehm zurückhaltend, ruhig und leise, aber wenn es drauf ankommt, sehr mutig. Und wie sollte ich nun das Neugeborene nennen? Mir fiel spontan Schwarzes Mädchen ein, nicht sehr originell, aber passend, und so heißt sie bis heute.

Beziehung – Verantwortung – Fürsorge – Freiheit

Namen sind wichtig. Sie schaffen Beziehung, und für uns Menschen sind sie identitätsstiftend. Die Namen, die wir Menschen unseren Tieren geben, haben eine ähnliche Funktion: Sie schaffen und gestalten unsere Beziehung zu ihnen. Tiere in den Agrarfabriken, in denen zum Beispiel 12 000 Mastrinder in insgesamt 50 Ställen ohne Weidegang und ohne Tageslicht Tag und Nacht stehen, haben keine Namen. Nur Nummern. Was einen deutlichen Hinweis darauf gibt, was diese Tiere für die Halter bedeuten.[5]

In früheren Jahrhunderten verbanden die Menschen mit dem Namen nicht nur die Kennzeichnung einer bestimmten Person oder einer Personengruppe. Es gab Namenszauber, Magie und Beschwörungen, bei denen der richtige Name entscheidend war. Für die Bibel hat die Namensgebung eine weitaus größere Bedeutung. Immer wieder erzählt das Buch der Bücher davon, dass Gott seine Schöpfung nicht nur in Liebe erschaffen hat, sondern mit allem in Beziehung treten will. Er kennt jedes Element, jedes Teil, jedes seiner Geschöpfe in der Welt und im Kosmos. Allem, was er erschaffen hat, ist seine Liebe unwiderruflich zugesprochen worden.

Du liebst alles, was ist, und verabscheust nichts von
dem, was du gemacht hast; denn hättest du etwas
gehasst, so hättest du es nicht geschaffen. Wie könnte
etwas ohne deinen Willen Bestand haben oder wie

könnte etwas erhalten bleiben, das nicht von dir ins Dasein gerufen wäre? Du schonst alles, weil es dein Eigentum ist, Herr, du Freund des Lebens.
(Buch der Weisheit 11,24-26)

Dem Menschen übertrug er dabei nicht nur die Aufgabe, zu hüten und zu pflegen. „Gott, der HERR, formte aus dem Erdboden alle Tiere des Feldes und alle Vögel des Himmels und führte sie dem Menschen zu, um zu sehen, wie er sie benennen würde. Und wie der Mensch jedes lebendige Wesen benannte, so sollte sein Name sein. Der Mensch gab Namen allem Vieh, den Vögeln des Himmels und allen Tieren des Feldes" (Genesis/1. Mose 2,19-20a).

Einen Namen zu geben heißt, in Beziehung treten zu wollen und eine liebevolle Verantwortung für denjenigen zu übernehmen, dem ich diesen Namen gebe. Nichts anderes geschieht durch die Taufe. Indem ein Mensch auf den Namen des dreifaltigen Gottes getauft wird, entsteht eine unlösbare Verbindung zwischen diesem Menschen und Gott, in der Gott für immer, sogar über den Tod hinaus, seine Fürsorge für ihn zusagt. Schon im Buch Jesaja wird dieser Wille zur Liebesgemeinschaft deutlich, wenn Gott es seinem Volk Israel ausdrücklich zuspricht. Mitten in den Gerichtsworten über das ungehorsame Volk verkündet der Prophet Rettung aus aller Not.

Jetzt aber – so spricht der HERR, der dich erschaffen hat, Jakob, und der dich geformt hat, Israel: Fürchte dich nicht, denn ich habe dich ausgelöst, ich habe dich beim Namen gerufen, du gehörst mir! Wenn du durchs Wasser schreitest, bin ich bei dir, wenn durch Ströme, dann reißen sie dich nicht fort. Wenn du durchs Feuer gehst, wirst du nicht versengt, keine Flamme wird dich verbrennen. Denn ich, der HERR, bin dein Gott, ich, der Heilige Israels, bin dein Retter.

(Jesaja 43,1-3a)

Hineingenommen in die Liebesgemeinschaft, die Vater und Sohn mit dem Heiligen Geist bilden und in die der Getaufte hineingenommen wird, eröffnet sich diesem Menschen die Möglichkeit, mit einem neuen Blick, sozusagen mit den Augen Gottes, die Welt zu sehen. Es ist wie eine neue Wahrnehmung, zu der dieser Mensch befähigt wird; es ist wie eine Einladung, hinter die Dinge zu schauen und Gottes Gegenwart in allem und jedem zu spüren. Verbunden mit diesem neuen Schauen und Spüren ist die Aufgabe, auch seinerseits Verantwortung für sich, sein Leben und für unsere Welt zu übernehmen.

***

Schwarzes Mädchen befeuerte meine Anstrengungen um einen großen Laufhof und eine ausreichende Weide ungemein. Es war eine riesige Verlockung, sich immer wieder in den Stall zu setzen und ihr lange und ausgiebig zuzusehen. Zwergziegenkitze sind unglaublich schnell fit. Schon am zweiten Tag nach ihrer Geburt versuchte sie auf die Steine zu klettern, die ich als Aufgabe um die alte, gemauerte Hundehütte gestapelt hatte. So oft sie auch abrutschte, hinunterpurzelte oder irgendwo festhing und nicht weiterkam – sie gab nicht auf. Zwischendurch übermannte sie manchmal der Schlaf, dann ließ sie sich einfach irgendwo in einer Ecke nieder. Erst knickten die Vorderbeine ein, danach sackte das Hinterteil hinunter und schlagartig fielen ihr die Augen zu. Aber höchstens für eine halbe Stunde! Dann stand sie wieder auf allen Vieren, reckte sich ausgiebig und das Spiel begann von Neuem.

Ich fand die Ausdauer dieses winzigen, pechschwarzen Powerkitzes bewundernswert, auch wenn ich mittlerweile wusste, dass diesem Verhalten ein uralter und lebenswichtiger Instinkt zugrunde lag. Das Ursprungsland der Urziege, der Bezoarziege (capra aegagrus), liegt in Kleinasien. Es ist ein felsiges, bergiges, meist karges Land mit vielen Gefahren. Jungtiere mussten in dieser Umgebung so schnell wie möglich lernen zu rennen und zu klettern, um mit der Herde bei Gefahr flüchten zu können. Nur ein Urinstinkt also, aber trotzdem mit Freude und Faszination zu beobachten. Ein Urinstinkt, der auch zeigt: Zwergziegen haben die Berge bis heute im Blut.

Der Sommer im Jahr nach der Geburt von Schwarzes Mädchen war sehr heiß. Es gab kaum Regen und die Weide wurde nach und nach braun und trocken. Futter wurde rar. Zum Gelände der Klause gehört auch ein kleines Wäldchen, das dem Haupthaus vorgelagert ist. Überwuchert von Brombeeren, Efeu und umrahmt von einem breiten Streifen hoher Brennnesseln war es ein kostenloses und leckeres Futterangebot.

Frieda und Alice hatten schon von Anfang an Halsbänder gehabt. Jetzt bekam auch Schwarzes Mädchen eines mit einem langen Führstrick daran, und mit allen Dreien traute ich mich übers Gelände in das kleine Holz. Ausgehungerte Kinder an einem Geburtstagsbüfett sind nichts gegen die Begeisterung, mit denen meine Zwerge über die Brombeeren, das Efeu und die fast mannshohen Brennnesseln herfielen. Etwas ängstlich umkreiste ich die Drei, immer in Sorge, sie könnten den Weg hinunter zur Straße wählen. Zwergziegen sind schnell. Wenn sie erst einmal ins Rennen kommen, halten auch energische Rufe sie nicht mehr zurück. Und ständig drei Stricke fest in der Hand zu halten war ebenfalls nicht möglich. Außerdem sollten sie ja laufen und fressen können, wo sie wollten.

Nach einer guten Stunde hatte jede Zwergziege eine dicke Beule an der linken Bauchseite. Dort sitzt der Pansen, einer der vier Mägen, die sie haben – und er war offensichtlich gut gefüllt. Satt und zufrieden trotteten sie mit mir zurück in den Stall. Ich nahm nur die Stricke ab, die Halsbänder blieben umgelegt, und ich ging erleichtert ins Haus. Ich hörte noch, wie sie anfingen zu kabbeln und zu kämpfen, ein normaler Vorgang, den ich zur Genüge kannte. Dann war Stille. Kurz danach ein lautes Röcheln. Ein Blick durchs Küchenfenster ließ mich die ganze Situation sofort erkennen, und mir blieb fast das Herz stehen.

Schwarzes Mädchen lag röchelnd auf dem Boden und in ihrem Halsband steckten Friedas Hörner. Irgendwie waren sie bei der Kabbelei darunter geraten und bei dem Versuch, sich zu befreien, hatte sich das Halsband so verdreht, dass es Schwarzes Mädchen zu erwürgen drohte. Ich bin einfach aus dem Haus gehechtet, durch den Stromzaun hindurch und lag blitzschnell neben meiner kleinen Ziege auf dem Boden. Das vertrackte Halsband hatte keinen Klickverschluss wie die beiden anderen, sondern Schlaufe und Schließe wie bei einem Gürtel. Es war total verdreht, ich bekam es nicht sofort auf, hörte nur, wie das Röcheln verstummte, sah, wie Schwarzes Mädchen die Augen nach oben verdrehte und plötzlich schlaff wurde.

Da, endlich war das blöde Ding auf, fiel zu Boden und Frieda konnte ihre Hörner befreien. Ich nahm vorsichtig den kleinen schwarzen Kopf, hielt mit einer Hand das Maul geschlossen und blies vorsichtig in ihre Nüstern. Einmal, zweimal, dreimal, ich schüttelte sie etwas und rief ihren Namen. Keine Reaktion. Noch einmal: Maul schließen und Luft in die Nüstern blasen, einmal, zweimal, dreimal – da endlich lief ein Zucken durch ihren Körper, sie quäkte laut und öffnete die Augen.

Eine ganze Weile saß ich hinterher noch auf einem dicken Holzklotz im Gehege und beobachtete argwöhnisch die

Tiere. Schwarzes Mädchen schien aber alles gut weggesteckt zu haben. Sie spielte noch etwas, tobte fröhlich die Steine rauf und runter, kuschelte sich in ihre Lieblingsecke im Stall und schlief ruhig ein. Ihr Halsband und auch das von Alice hatte ich abgenommen. Friedas ließ ich um ihren Hals, vielleicht als Kennzeichnung für die Chefin. Sie hat es bis heute um, es ist ein bisschen so wie ein Ehrenabzeichen. Die Farbe ist inzwischen verblasst, und einen Strick oder eine Kette wie am Anfang braucht sie schon lange nicht mehr. Frieda hört auf ihren Namen – zumindest dann, wenn sie es will.

***

Halsband und Strick – Strick und Halsband. Die beiden Begriffe können verschiedene, ja gegensätzliche Bedeutungen haben. Halsband, darin steckt die ganze Skala von binden, bändigen, gehorsam machen, jemanden an die Kandare legen, der unbändig, der nicht zu bändigen ist. Dazu der Strick, dem nur selten eine positive Bedeutung zugemessen wird, außer man gehört dem weltweiten Orden der Franziskaner oder der Klarissen an. Der weiße Strick gehört hier zur Ordenskleidung und hat eine positive Bedeutung.

Beim Nachdenken über Halsbänder und Stricke fiel mir auch ein Samthalsband von früher ein, dunkelbraun, vorne mit einem angenähten kleinen Silberherzchen, das ich als Jugendliche manchmal getragen habe. Ein hübscher Schmuck, irgendwo einmal gekauft, eine Zeit lang getragen, dann verloren. Auch teure Diamantencolliers oder Perlenketten ähneln Halsbändern, werden aber wahrscheinlich selten negativ bewertet.

Binden und bändigen, das berührt den weiten Raum der Freiheit. Meine Zwerge sollten die Möglichkeit haben, laufen und fressen zu können, wo sie wollten. Aber natürlich nicht an meinen Apfelbäumen und Johannisbeersträuchern! Für einen ausgewachsenen Strauch schwarzer Johannisbeeren würden sie knapp zwanzig Minuten brauchen, um ihn bis auf ein paar Reste Kernholz abzuknabbern und aufzufressen. Nicht viel länger würde der gemeinschaftliche Sturm der ganzen Herde auf einen meiner kleinen Apfelbäume dauern. Die köstlichen Blätter zuerst, anschließend kleine und größere Äste, gleichzeitig die Rinde in langen Streifen abziehen – kein Problem für sie. Übrig bliebe eine Ruine. Ich kann das immer wieder beobachten, wenn ich mit allen in den Wald bei der Klause gehe. Schwarzes Mädchen hat da eine ganz besondere Taktik entwickelt. Sie steigt hoch auf ihre Hinterbeine, legt sich zum Beispiel auf einen größeren Holundersämling, biegt ihn bis zum Boden hinunter und kann dann in Ruhe alle Blätter abfressen, zumindest, wenn die anderen Mitglieder der Herde den Vorgang nicht mitbekommen haben. Wenn doch, geht alles wesentlich schneller. Dieses Verhalten ist übrigens eine hervorragende Voraussetzung, um mit Ziegen verbuschtes Gelände zu renaturieren und es wieder in kräuter- und blumenreiche Magerwiesen zu verwandeln.

Ich muss die Freiheit meiner Tiere in einigen Punkten begrenzen, damit wir zusammen hier leben können. Aber ist das nicht normal? Freiheit und Grenzen, das gehört zusammen. Meine Freiheit wird und muss begrenzt werden durch die Freiheit meiner Mitmenschen und umgekehrt. Viele Menschen definieren Freiheit als eine Form der Ungebundenheit. Sie meinen damit, keinerlei Einschränkungen, Eingrenzungen und einengenden Sachzwängen unterworfen zu sein. Es ist eine „Freiheit von". Ich würde das eher Unabhängigkeit und manchmal schon krassen Egoismus nennen. Freiheit wird hier verstanden als Raum für das Handeln eines Einzelnen. Aber Freiheit kann nicht geschehen oder erlangt werden ohne den anderen. Freiheit geschieht im zwischenmenschlichen Bereich, zwischen zwei Einzelpersonen, zwischen Grüppchen und Gruppen und zwischen Völkern und Nationen.

In einem Interview mit Markus Vogt, Professor für Christliche Sozialethik an der LMU München, wird aus einem Artikel von Detlef Esslinger, der in der Süddeutschen Zeitung erschienen war, zitiert: „Es wäre geboten, die Lebensart in den reichen, freien Gesellschaften als beides wahrzunehmen: als Errungenschaft und als gigantisches Problem. Gelebt wird hier ein Freiheitsverständnis, das absolut ist. Nichts ist den Menschen hier fremder als Beschränkung im persönlichen Alltag. Freiheit ist erstens der Kneipenbesuch, und zweitens, dass der Wirt Heizpilze auf den Gehweg stellt, damit man auch im Januar den Wein und den Barsch draußen genießen kann. Freiheit ist, dass die Amerikaner 6,6 Milliarden Kilowattstunden Strom allein für die Weihnachtsbeleuchtung aufwenden, mehr als Tansania im gesamten Jahr verbraucht. Freiheit ist, ein Auto zu bauen (und zu kaufen), das pro Kilometer 224 Gramm Kohlendioxid ausstößt."[6]

Als Mensch, der sein Leben für und mit Gott gestalten will, sehe ich den Begriff Freiheit anders. Freiheit verdankt sich. Sie ist weder eine Selbstverständlichkeit noch kann ich für meine Person eine echte Freiheit selber herstellen. Die Freiheit, die mir Gott schenkt, ist immer eine „Freiheit für". Indem ich mein Leben konsequent auf Gott und sein Liebesgebot ausrichte, entscheide ich mich dafür, Jesu Leben und seine Botschaft auf die ersten Plätze meiner Prioritätenliste zu setzen. Das schließt logischerweise ein, auf anderes zu verzichten. Ich nehme mir Zeit für Gebet, Bibellesung und Meditation, stehe Menschen kostenlos zum geistlichen Gespräch zur Verfügung und verzichte dafür auf bestimmte materielle Dinge. Ich versuche, mir von Gott die Freiheit schenken zu lassen, um die Liebe zu lernen.

Ein alter Spruch bestätigt sich dabei: Freiheit ohne Risiko gibt es nicht und Liebe ohne Schmerzen auch nicht. Diese Ansichten stoßen nicht immer auf Zustimmung bei denen, die mich kennenlernen. Wenn mich zum Beispiel Menschen besuchen, fällt ihre Reaktion sehr unterschiedlich aus. Kommen sie im Sommer, heißt es oft: „Oh, wie schön ist das hier und welche Ruhe ist das doch und oh, die niedlichen Ziegen. Was für eine Idylle!" Kommen Menschen im November oder Februar zu Besuch, sagen sie eher: „Hier möchte ich aber nicht tot überm Zaun hängen!" Und bezüglich der niedlichen Ziegen denken manche zuerst an die Arbeit, die diese Tiere sicher machen.

Vielen Besuchern fällt es schwer, zu begreifen, dass trotz des Verzichts auf viele materielle Dinge, trotz der Grenzen, die mir meine Lebensform setzt, ich mein Leben als sehr reich und erfüllt empfinde. Das geistliche Leben in einer Einsiedelei ist von klaren Grenzen bestimmt, aber es sind Grenzen, die den Weg zur inneren Freiheit abstecken und ihn schützen. Ein Leben des Gebetes und aus dem Gebet und der Anbetung Gottes heraus braucht unbedingt Eingrenzungen. Einen klaren Tagesrhythmus zum Beispiel und eine gute Mischung von vorgeschriebenen und freien Gebeten. Dabei muss ein persönlicher Mittelweg gefunden werden. Es reicht nicht, brav seine Zeiten einzuhalten und alles Punkt für Punkt zu absolvieren. Auch das andere Extrem, frei zu beten nach Lust und Laune, nach Gefühl und Stimmung, kann am Wesentlichen vorbei in die Irre führen. Ebenso wäre ein Leben des Gebetes in Stille und Zurückgezogenheit ohne Reflexion, ohne eine Konfrontation mit den eigenen Ängsten und Verletzungen schnell in Gefahr, sich, den Betenden selbst, als den Heiligsten der Heiligen anzusehen. Gerade Menschen, die den eremitischen Weg der Nachfolge Jesu gewählt haben, brauchen eine sehr klare Linie.

Friedas Vorbild und die Erfahrung der Geborgenheit

Ich selbst hatte für mich am Anfang eine Form des beständigen Gebetes gesucht und sie bei den Wüstenmüttern und Wüstenvätern, den ersten Einsiedlerinnen und Einsiedlern in der spätantiken Kirche (ca. 300–600 n. Chr.) gefunden. Meine Versuche waren die erste Zeit ziemlich theoretisch, so wie es häufig ist, wenn man etwas liest, davon fasziniert ist und es anschließend im realen Leben anwenden will.

Erfahrungen mit der Gebetsform des sogenannten Ruminatio hatte ich kaum, als ich damit anfing. Meine Zwerge waren da überraschenderweise eine echte Hilfe. Ruminatio kommt aus dem Lateinischen und stammt vom Verb *ruminare* – wiederkäuen – ab. Ziegen sind wie Rinder, Schafe oder Kamele Wiederkäuer, lateinischer Begriff: *Ruminantia*. Sie schlucken zunächst die grob zerkaute Nahrung hinunter. Im Pansen, dem ersten Magen, leben Millionen von Pansentierchen, die diese Nahrung aufspalten. Diese anaeroben Bakterien können nur unter Sauerstoffabschluss (anaerob) leben und arbeiten. Sie bereiten auch sonst unverdauliche Nahrung, wie zum Beispiel Zellulose, so auf, dass im weiteren Verlauf der Verdauung jeder Nährstoff vom Körper der Ziege aufgenommen werden kann. Zum Verdauungsvorgang bei Ziegen gehört auch das erneute Hochholen von kleinen Portionen dieses vorverdauten Nahrungsbreis, der im Maul ein zweites Mal gründlich durchgekaut wird. Darum werden diese Tiere Wiederkäuer genannt.

Es ist eine höchst effektive Form der Nahrungsverwertung. Wenn ich meine Zwergziegen dabei beobachte, wie sie zufrieden im Stall oder im Schatten der Bäume liegen und in Ruhe wiederkäuen, hat das auf mich immer eine beruhigende Wirkung. Rund sechzigmal kauen sie die jeweilige Portion Nahrungsbrei erneut durch. Es sieht fast gemütlich aus, obwohl es die wichtigste Grundlage dafür ist, dass sie auch mit karger Nahrung auskommen können. Die Augen halb geschlossen, entspannt auf der Seite liegend, den Kopf erhoben und eine Portion nach der anderen durchkauend, ohne Hektik, im eigenen Rhythmus, oft mehrere Stunden lang, bis alles fertig ist. Ein schönes und ein friedliches Bild. Irgendwann saß ich abends noch für eine Viertelstunde am Zaun und schaute ihnen dabei zu. Der Tag war lang gewesen und ich genoss die Ruhe und den Farbwechsel am Horizont – vom hellen Himmelblau über Lavendelrosa zu Rot bis zur Dämmerung. Eigentlich mache ich so etwas Ähnliches wie meine Zwerge, schoss es mir durch den Kopf. Klar, die Gebetsform des Ruminatio hat ihren Namen sicher daher bekommen, weil die ersten Einsiedler oft Bauern waren, die ihre Tiere natürlich beobachtet hatten.

Die Bibel immer und immer wieder zu lesen, zu meditieren, darüber nachzudenken – das hat schon etwas mit wiederkäuen zu tun. Nachdenklich ließ ich meinen Blick auf Frieda ruhen. Ihr Wiederkäuen nutzte die Nahrung bis ins letzte Fitzelchen aus. Tat ich das auch? Frieda kaut bei jeder Nahrung genau gleich intensiv wieder – ob Heu und Stroh, die an

Gras, Giersch und Brennnesseln reiche Weide des Sommers oder Eichenblätter und Weidenrinde. Und ich? Wie oft ließ ich einen Text oder einen Psalmvers liegen und suchte einen neuen, weil ich den Sinn nicht sofort verstand oder weil es mühsam war, dem Sinn dieses Schrifttextes nachzuspüren. Manchmal nahm ich lieber ein paar kluge Kommentare zur Hand und las das, was anderen zu diesem Bibelwort eingefallen war, anstatt mir selbst den Kopf darüber zu zerbrechen. Frieda zeigte mir, dass es einen anderen Weg gab.

***

In der Folgezeit änderte ich etwas an meinem Gebetsleben. Natürlich las ich weiter ganze Kapitel zum Beispiel eines Evangeliums, schaute auch weiterhin in den Kommentaren anderer nach, meditierte genauso wie schon seit Jahren – aber ich versuchte, mir zusätzlich jeden Tag nur ein Wort oder einen kurzen Satz zu merken und dieses Wort oder diesen Satz den ganzen Tag über im Kopf und im Herzen zu halten. Egal, was ich tat, dieses kurze Wort Gottes versuchte ich immer und immer und immer wieder entweder nur innerlich oder manchmal auch leise zu sprechen. Aber ohne groß darüber nachzudenken. Es war egal, ob ich am Schreibtisch saß oder mit den Ziegen draußen war. Ob ich die Kapelle putzte oder einem Menschen mit großem Kummer zuhörte. Dieses eine Wort Gottes aus dem überreichen Schatz der Bibel versuchte ich beständig zu kauen.

Die ersten Wochen und Monate fiel es mir schwer. Auf die Gedanken zu achten, sie einzusortieren und sich von ihnen nicht von Gott wegziehen zu lassen gehört zu einem betenden Leben dazu. Aber diese Art, nur ein kurzes Wort aus der Bibel im Innersten zu verankern, war etwas anderes. Mit der Zeit spürte ich erstaunt, dass es mir irgendwie guttat.

Und dann kam ein nasser und stürmischer Herbst und eine Erfahrung, die aufleuchten ließ, wohin ein solcher Gebetsweg führen kann. Ich hatte einen Baumstamm geschenkt bekommen, um daraus Brennholz zu machen. Er lag am Rande eines Ackers und ich musste ihn am späten Abend noch mithilfe eines Freundes und seines Treckers abtransportieren. Ein kalter Wind zerrte an Jacke und Mütze und biss in jede Hautstelle, die unbedeckt war. Ich war nach kurzer Zeit durch und durch nass und beide Schuhe waren mit Schlamm bedeckt – bis zu den Socken. Da wir nicht alles auf einmal wegbringen konnten, musste ich mehrmals warten, bis der Trecker von der Klause zurückkam. Ich stand durchgefroren und bibbernd auf dem dunklen Acker, es gab kein Licht, nur Regen, Wind und Kälte im Umkreis von zwei Kilometern.

Automatisch begann ich meinen kurzen Satz aus der Bibel zu wiederholen, schloss die Augen und konzentrierte mich darauf, ihn langsam und beständig zu sprechen. Es war, als ob das Wort Gottes allmählich einen Schutzwall um mich herum aufrichtete, der Wind und Regen abhielt. Und tief in mir drinnen glomm es allmählich wie von einem kleinen

Feuer oder einer anderen Lichtquelle und schien die Kälte zurückzudrängen. Verbunden mit dem Gefühl des Trostes und einer unbegreiflichen Geborgenheit stand ich hier, mitten in der Dunkelheit einer Novembernacht, und fühlte mich von innen mit einem tiefen Frieden umhüllt. Es waren nur wenige Minuten, aber sie ließen mich vom Herzen her begreifen, dass das Wort Gottes ein unzerstörbares Seil, eine nicht zu kappende Verbindung meiner Seele zu Gott sichtbar gemacht hatte.

Vom Kopf her war mir schon immer klar gewesen, dass es eine solche Verbindung schon allein dadurch gibt, dass ich Gottes Geschöpf bin. Jetzt aber war es völlig neu, intensiv und staunenswert spürbar geworden. In all den Jahren danach bestätigte sich die Erfahrung dieser Nacht. Das Ruminatio, das Wiederkäuen, verankert das Wort Gottes in mir ausdauernd und letztendlich unzerstörbar wie eine Lichtquelle, wie ein Feuer, das nicht zu löschen ist und das mich wärmt, leitet und die Gegenwart Gottes in mir aufleuchten lässt. Irgendwann habe ich Frieda spontan einen Kuss auf ihre breite Ziegennase gegeben als Dankeschön für den Impuls.

***

Mein Leben in der Klause blieb natürlich nicht unbekannt. Hier auf dem „platten Land" werden genauso wie überall in ländlichen Regionen Nachrichten schnell verbreitet. Eine

Einsiedlerin lässt sowieso die Gerüchteküche schon kräftig brodeln. Und dann hat die auch noch Ziegen! Wozu eigentlich? Wir haben in Norddeutschland eine hochtechnisierte Agrarwirtschaft, die ständig unter dem Druck steht: Wachse oder weiche!

Da waren Nachfragen von allen Seiten vorprogrammiert. Was willst du bloß mit diesen Ziegen? Vor allem, nachdem ich einen Bock ausgeliehen hatte, der auch bald für Nachwuchs sorgte. Was? Noch mehr Ziegen? Wozu? Auch die Frage, warum ich meine Tiere nicht schlachte, wurde mir in diesen Gesprächen immer wieder mit einem Kopfschütteln gestellt.

Zunächst konnte ich solche Fragen abwimmeln: Rasenmäherersatz, Düngerproduzenten fürs Gemüsebeet, meine Freude beim Beobachten – das waren Antworten, die den meisten Fragestellern reichten. Aber solche Fragen und meine eher rudimentären Antworten zwangen mich bald selbst, mich und mein Leben mit den Zwergen näher anzuschauen.

Kapitel 3:
Die fünf Freiheiten

Seit Jahrtausenden spielt die Beziehung zu den Tieren in der Kultur der Menschen eine große Rolle. Von den Fabeln des Äsop über Goethes Reineke Fuchs bis hin zu den beeindruckenden Dokumentarfilmen von Heinz Sielmann, Bernhard Grzimek und Horst Stern reicht die Bandbreite der Zeugnisse und Darstellungen dieser Beziehung. In der Literatur, der Musik und in den bildenden Künsten wie Malerei und Bildhauerei ist sie immer wieder durch alle Zeiten hindurch Thema gewesen. Viele Kunstwerke, in denen eine Beziehung des Menschen zum Tier auftaucht, gehören zur Allgemeinbildung. Wer hat nicht Thomas Manns „Herr und Hund" im Deutschunterricht lesen müssen oder hat schon einmal einen der vierzehn kleinen Sätze der musikalischen Fantasie „Karneval der Tiere" gehört, die Camille Saint-Saëns 1886 komponierte. Beim Sightseeing durch Berlin gehört als eine der Sehenswürdigkeiten das riesige Reiterstandbild Friedrichs des Großen dazu, das den Preußenkönig auf seinem

Lieblingspferd Condé zeigt. Ebenso die eisernen Löwen, die zu den Wahrzeichen der Stadt Lübeck gehören, die Gänselieselfiguren in vielen Städten oder der Osnabrücker Löwenpudel, den jedes Osnabrücker Schulkind kennt.

Sie alle bilden Beziehungen ab, die Menschen zu bestimmten Tieren hatten. In früheren Entwicklungen und Werken von Kunst- und Kulturschaffenden prägten, grob gezeichnet, drei Ebenen die Beziehung zu den Tieren. Tiere in freier Wildbahn waren überwiegend eine Bedrohung, die eingedämmt oder eliminiert werden musste. Der Wal im Roman von Herman Melvilles „Moby Dick" zum Beispiel, Krokodile in den Tarzanfilmen und sogar im „Dschungelbuch" von Rudyard Kipling sind Kaa, die Schlange, und Shir Khan, der Tiger, bekannte Beispiele dafür. Daneben gibt es Horrorfilme mit Haiattacken, Riesenschlangen, Feuerameisen, Killerbienen und ähnlichen Tieren, die mit diesen tiefen menschlichen Ängsten spielen.

Auch die Entwicklungen in allen Bereichen der Landwirtschaft, des Gartenbaus und der Forstwirtschaft zählen zu den Kulturgütern der Menschheit. Hier gehören die Tiere zur Nahrungsmittelproduktion. Nutztierrassen sind schutzwürdige Kulturgüter, aber sie gelten vielfach noch bis heute als Objekte, als Gegenstand und Produktionsmittel. Der Zweck bei den Bestrebungen in der Nutztierhaltung, das Wohlergehen von Kuh, Schaf und Schwein zu steigern, ist die Steigerung des Nutzeffektes, der Produktivität und steht in der Regel an erster Stelle der wirtschaftlich orientierten Überlegungen.

Und auch bei Katze und Hund, den „besten Freunden" des Menschen, fokussierte sich im Laufe der Jahrhunderte der Blick auf das Tier als Ersatz für fehlende menschliche Nähe oder es geht darum, dem Nachwuchs Werte des gesellschaftlichen Lebens nahezubringen: Verantwortung übernehmen, Pflichtbewusstsein lernen, Disziplin einüben sind Werte, die Kinder durch den Kontakt mit Hunden und Katzen, Hamstern und Meerschweinchen leichter lernen können.

Keine dieser Beziehungsebenen ist sicher grundsätzlich moralisch verwerflich. Aber sie alle sind einseitig und sie reduzieren das Tier auf den Nutzen, den der Mensch aus der jeweiligen Beziehung zu ihnen hat. In den letzten Jahren aber hat sich etwas verändert, und es ist spannend, dem einmal nachzuspüren. In vielen Publikationen wird seit Jahren zunehmend zum Beispiel Tierwohl, Tierethik oder das Thema Tierrechte thematisiert.

Für Martin Lintner, Professor für Theologische Ethik an der Philosophisch-Theologischen Hochschule Brixen in Österreich, ist die Ambivalenz in der Haltung Tieren gegenüber dabei frappierend. Er zitiert in der Einführung zu seinem Buch „Der Mensch und das liebe Vieh" eine Studie, die das Ausmaß des millionenfachen Verbrauchs von Schlacht- und Labortieren auflistet: „Tierversuche werden gemeinhin abgelehnt und viele Menschen haben abschreckende Bilder malträtierter Versuchstiere im Kopf – und doch nimmt seit Beginn der 2000er-Jahre die Anzahl der Tiere kontinuierlich zu, die in diversen Experimenten verwendet werden und zu Schaden kommen. Die Tierethiker Herwig Grimm und Markus Wild führen Studien an, denen zufolge ‚im Jahr 2014 über 23 Milliarden Nutztiere (Rinder, Schafe, Ziegen, Schweine, Geflügel) gehalten [...], rund 64 Milliarden Tiere geschlachtet (Fische nicht eingerechnet) und rund 118 Milliarden Labortiere verbraucht worden sind. Bei immer mehr Menschen führen diese Spannungen und Diskrepanzen zu einem Nach- und Umdenken. Sie werden besonders für das millionenfache Leid sensibel, das wir in unseren modernen Industriegesellschaften Tieren zufügen."[7]

Das Unbehagen und/oder ehrliche Nachdenken über unsere Beziehungen zu den Tieren wächst. Für mich persönlich gab es immer wieder Momente, die ich im geistlichen Rückblick als Anstoß, als auffordernden Impuls empfand, obwohl das Thema damals noch gar nicht so präsent in meinem Denken war wie heute. Einer davon war ein ungewöhnlicher Film über die Freundschaft zwischen einem Fuchs und einem Mädchen, der 2007 in die deutschen Kinos gekommen war. Der Film hatte einen erstaunlich respektablen Erfolg. Die Story schien zunächst simpel zu sein – ein junges Mädchen streift in der waldreichen Umgebung ihres abgelegenen Elternhauses umher. Zufällig beobachtet sie dabei eine Füchsin. Das Mädchen ist erst neugierig, dann zunehmend verzaubert und fasziniert von dem Tier. Durch ihre hartnäckigen Versuche entwickelt sich eine Beziehung zwischen beiden, die manchmal an die Erzählung „Der kleine Prinz" von Antoine de Saint-Exupéry erinnert.

Der Film von Regisseur Luc Jacquet zeigt wunderschöne Landschaftsaufnahmen und die Bilder, welche die Füchsin in ihrer natürlichen Umgebung zeigen, sind berührend. Im Winter, im Frühling und in den Sommermonaten begleitet der Film beide, die Füchsin und das Mädchen. Die Kamera verfolgt die Jagd nach Mäusen, sie zeigt die Fürsorge der Füchsin für ihre Welpen, sie ist bei den vielen Versuchen des Mädchens dabei, das Tier im Wald zu finden, bis zu dem Zeitpunkt, wo die Füchsin dem Kind zunehmend die Annäherung erlaubt. Es geschieht langsam, auch wenn das Mädchen sich ungeduldig danach sehnt, die Füchsin bald zur Freundin zu haben. Der Film kommt über lange Strecken wie ein Märchen daher und trifft auf die tiefe innerliche Sehnsucht des Menschen nach einer heilen Welt. Dann aber beginnt sich etwas zu ändern in der Beziehung zwischen den beiden, sehr langsam und sehr subtil.

Nach einem Sommer voller kleiner und großer Abenteuer beginnt es das Mädchen zu ärgern, dass die Füchsin nicht auf ihre Ideen und Spiele eingeht. Eines Tages, das Tier ist bis zum Elternhaus gekommen, nimmt sie es mit in ihr Zimmer und schließt die Tür. Kurz vorher umschlingt sie den Hals des Tieres mit einem Schal und knüpft eine Schnur daran. Im Zimmer reagiert die Füchsin mit wachsender Panik, rennt aufgeregt herum, wirft Vasen und Bilder hinunter und flieht zum Schluss durch das geschlossene Fenster in den Hof. Schwer verletzt bleibt das Tier liegen. Bald danach endet der Film.

Die Schlusssequenz zeigt das Mädchen, das zur Frau geworden ist und die Geschichte ihrem kleinen Sohn erzählt. „Ich habe Liebe mit Besitz verwechselt", erzählt sie ihm nachdenklich, und dass sie die Füchsin noch einige Male gesehen habe, aber irgendwann nicht mehr.

Die Botschaft des Films tauchte auch ganz real während der Drehtage auf, wie Gérard Simon, einer der Kameramänner, nach der erfolgreichen Premiere des Films berichtete: „Nach mehr als sechs Monaten Dreharbeiten können wir nur bestätigen, dass man einen Fuchs nicht spielen lassen kann, was er nicht machen will. Es entscheidet immer der Fuchs. Eine intensive Beziehung zu einem Fuchs lässt sich relativ leicht herstellen, aber am Ende muss der Mensch akzeptieren, dass der Fuchs kommt und geht, wann er will."[8]

Selbstbewusste Zwerge und ein vertieftes Nachdenken

Ich habe Liebe mit Besitz verwechselt – der Satz klingt einfach, aber in ihm ist ein Meer an Weisheit, auch an Schmerz verborgen. Ein Schmerz, den jeder kennt, der schon einmal eine zerbrochene menschliche Beziehung verkraften musste. Unsere Zuneigung – egal ob zu einem Menschen oder zu einem Tier – ist oft besitzergreifend. Und manchmal dauert es lange, bis ein Mensch erkennt, dass echte Liebe

Freiheit und freilassen bedeutet, auch und gerade in Bezug auf Tiere.

Was meine Zwergziegen betraf, so musste sich meine Form der Zuneigung im Laufe der Zeit ebenfalls verändern. Vor allem, als nach einigen Jahren ein Bock zu Gast kam und Schwarzes Mädchen fünf Monate später ein kleines Zwergziegenmädchen bekam, die ich Milly nannte. Die Fragen von wohlmeinenden Mitmenschen, was ich denn bloß mit den „vielen" Ziegen wolle und auch der dümmliche Witz, wann endlich einer meiner Zwerge auf den Grill komme, waren ein weiterer wichtiger Anstoß, meine Beziehung zu diesen Tieren zu hinterfragen. Aber auch die täglichen Beobachtungen, meine Gefühle im Umgang mit den Ziegen und die vielen kleinen und großen Ereignisse, die bei einer Tierhaltung zwangsläufig geschehen, trugen in sich schon den Anstoß dazu.

***

Was mich dabei von Anfang an verblüffte, waren die ausgeprägten Persönlichkeiten, die nach und nach bei meinen Zwergen sichtbar wurden. Je länger ich sie hatte, umso prägnanter stachen mir ihre unterschiedlichen Charaktere ins Auge.

Frieda zum Beispiel, die den Umzug zu mir nur mit einer doppelten Portion Jägermeister verkraftet hatte, ist unbestrittene Leitziege, die Chefin also. Ziegen haben als soziologische

Gesellschaftsform immer ein Matriarchat. Die soziale Hierarchie wird immer über die Abstammung der mütterlichen Linie festgelegt. Im Laufe der Jahre stellte Frieda ihre Führungsqualitäten mehrmals unter Beweis. Inzwischen ist sie eine alte Dame von fast 15 Jahren, aber noch immer macht jedes Mitglied meiner Herde Platz, wenn sie kommt. Und bei den durchaus gefährlichen Begegnungen mit verschiedenen Hunden, die ins Gelände der Ziegen eingedrungen waren, hat sie jedes Mal ihre Herde mit Bravour verteidigt.

Außerordentlich beeindruckend für mich war vor Jahren der Kampf gegen einen weißen Labrador. Irgendwie war der Hund über den Zaun gekommen und streunte auf dem Ziegengelände herum. In dem Moment, in dem Frieda den Hund sah, gab sie einen trompetenähnlichen Ton von sich, alle Rückenhaare stellten sich auf und sie ging ansatzlos mit gesenkten Hörnern auf den Eindringling los. Wenig später schoss der Hund in Panik an mir vorbei und alle Zwergziegen mit geblähten Nüstern und gesträubten Rückenhaaren hinter ihm her. Ich weiß bis heute nicht, wie der Hund auf das Gelände kam, und vor allem ist mir schleierhaft, wie er wieder hinauskonnte. Er muss quasi todesmutig durch den Stromzaun gesprungen sein. Eine sehr schmerzhafte, wenn auch ungefährliche Aktion. Um Ziegen wird dieser Hund sicher bis an sein Lebensende einen großen Bogen machen. Friedas Gesichtsausdruck hinterher kann ich nur als triumphierend bezeichnen.

Alice, bis vor Kurzem noch die Nummer zwei der Herde, ist dagegen eher ruhig. Sie ist sehr wachsam, geht Konflikten aber möglichst aus dem Weg. Inzwischen auch eine ältere Ziegendame, zieht sie sich oft zurück und will ihre Ruhe haben. Aber sie ist trotzdem immer noch sehr neugierig und schaut genau hin, bevor sie einen Angriff startet.

Vor allem aber ihre Tochter Schwarzes Mädchen war Auslöser für ein vertieftes Nachdenken über meine Beziehung zu den Zwergen. Schwarzes Mädchen ist die Ausbrecherkönigin der Herde. Sie hat ein untrügliches Gespür dafür, wo der Zaun zu niedrig oder der Stromimpuls zu schwach ist. Zwergziegen machen in ihrer Entwicklung auch eine Form der Pubertät durch. Neugierig und mit nicht geringer Rowdy-Energie begabt sind sie schon ein paar Wochen nach der Geburt. In dem Zeitraum von ungefähr ein bis etwa vier Jahren testen sie einfach alles aus. Ich wusste das nicht, bis mir eines Tages auffiel, dass Schwarzes Mädchen immer dicker wurde. Sie setzte sichtbar Speck an, was bei Zwergziegen eher ungewöhnlich ist. Bei ihnen lagern sich überschüssige Kalorien zunächst als Depotfett um die inneren Organe an und erst später als Speckpolster – und nicht wie bei uns Menschen als Rettungsringe um Bauch und Hüfte oder als verstärktes Sitzpolster. Sie musste also schon eine ganze Weile zu viel gefressen haben. Aber was? Meine Weide ist relativ mager, Heu und Stroh teile ich zu und Leckerlis gibt es nur wenige.

Eines Morgens beobachtete ich per Zufall, wie Schwarzes Mädchen nach der Fütterung langsam, aber offensichtlich sehr zielstrebig zur hinteren Weide ging. Vorsichtig schlich ich ihr nach. Mit einer schlangenartigen Bewegung schlüpfte sie unter der untersten Litze des Stromzauns hindurch, robbte über den Reisigwall und tobte dann sehr vergnügt auf der anderen Seite herum.

Dort stand eine Reihe dicker, alter Eichen, die angefangen hatten, ihre Früchte abzuwerfen. Ein leckeres, aber auf Dauer viel zu kalorienreiches Futter für Zwergziegen. Eicheln fressen sie sehr gern, dürfen aber nur wenige davon haben am Tag. Das war also die Ursache für die große Gewichtszunahme.

Ziemlich wütend schaltete ich den Strom ab, scheuchte Schwarzes Mädchen zurück auf die Weide und holte den Zaunprüfer, der anzeigte, dass an der Stelle fast keine Impulsenergie mehr ankam. Natürlich hatte meine Ausbrecherkönigin das sofort gespürt. In den Wochen danach entbrannte ein regelrechter Machtkampf. Ich versuchte, sie daran zu hindern durch den Zaun zu den Eichen zu kommen. Sie trickste mich mit großer Energie täglich mindestens einmal aus. Festbinden geht bei einer Zwergziege nur, wenn man zur Grausamkeit neigt und überdies ein vermindertes Hörvermögen hat. Ich versuchte es mit Erziehung: große Schimpftirade, wenn sie am Zaun den nächsten Versuch wagte. Reaktion: null. Aha, nächster Versuch. Ich band einen kleinen Reifen mit Strick an ihr Halsband als eine Art Stopper. Reaktion: Riesenaufregung, zwei zersplitterte Futterschüsseln und eine kleine, völlig aufgelöste Zwergziege. Das ging also auch nicht. Einsperren war ebenfalls keine Lösung.

Mir blieb nichts anderes übrig, als ein neues Weidegerät zu kaufen und so den Stromimpuls kräftig zu erhöhen. An dem Morgen, als ich das neue Gerät montiert hatte, stand ich hinterher gespannt an einem Fenster in der Küche. Schwarzes Mädchen kam aus dem Stall geschlendert und peilte unauffällig die Lage. Die Luft schien rein zu sein, also setzte sie sich gemächlich in Richtung Mastfutter in Bewegung. Ich konnte es von dem Fenster aus gut beobachten. In der hinteren Weide angekommen schob sie mit der Nase die untere Stromlitze hoch und sprang im gleichen Moment einen Meter (mindestens) rückwärts. Mit schief gelegtem Kopf blieb sie einen Moment stehen, schüttelte sich ausgiebig und versuchte es ein zweites Mal. Wieder zwickte es sie kräftig in die Nase, sie sprang zurück und galoppierte dann so schnell zum Stall, dass Frieda und Alice nur so auseinanderspritzten. Sie sprang auf die Hundehütte und fing oben an zu meckern und wütend zu tanzen, ein trommelnder Protest auf vier Klauen, der fast fünf Minuten dauerte. Dann hatte sie keine Luft mehr, aber verstanden: Der Weg zu diesem Futterplatz, wo sie ungehemmt Eicheln futtern konnte, war versperrt. Gott sei Dank! Ich aber kam ins Grübeln. Den Machtkampf hatte ich gewonnen. Aber war ich Schwarzem Mädchen gerecht geworden?

***

Man kann viele kluge Bücher lesen über den Sinn der Schöpfung, ohne auch nur den Hauch einer Ahnung davon zu spüren, wie sehr Schöpfung – und zwar die ganze Schöpfung – ein unglaubliches Geschenk ist. Manchmal sitze ich draußen an der Ziegenweide, lese oder schaue meinen Zwergen einfach nur zu. Während ich dieses schreibe, ist es Spätsommer. Der Himmel ist noch hochsommerlich blau mit einzelnen kleinen Wolken, die über mir schweben wie Sahnetupfer, die auf eine Glasplatte gespritzt worden sind. Einige meiner Zwerge knabbern an einem Rest Rinde oben auf dem großen Reisighaufen, der in der Mitte der Weide aufgestapelt ist. Andere dösen in der Nachmittagssonne. Die jungen Böckchen, gerade mal zwei Monate alt, raufen und toben zusammen wie eine wild gewordene Jugendgang: Rauf auf die großen Findlinge springen, sich gegenseitig wegdrücken und hinunterschubsen und plötzlich wie auf Kommando alle zusammen lospreschen bis zum anderen Ende der Weide. Dabei sprinten sie Kopf an Kopf und legen sich in den Kurven zur Seite wie Motorräder auf der Rennbahn. Blaumeisen picken derweil seelenruhig die ersten Kerne aus den Sonnenblumen, und irgendwo klopft ein Specht die trockenen Eichenäste nach Futter ab.

Ein schönes Bild, ein idyllisches Bild, wenn ich es in der Ruhe eines spätsommerlichen Nachmittags betrachte. Werde ich aber so meinen Tieren gerecht? Und was heißt das, ihnen gerecht zu werden? Meinen Tieren geht es gut, behaupte ich mal. Wenn ich mir ihre Haltung und Versorgung anhand der „Fünf Freiheiten" des Farm Animal Welfare Council (FAWC) anschaue, scheint alles in Ordnung zu sein. Diese fünf Freiheiten sind ein zuverlässiger Maßstab, ein erprobter Indikator für eine gute und angemessene Haltung von Nutztieren. Entwickelt wurden sie 1979 in Großbritannien von der FAWC, was übersetzt werden könnte mit „Rat für das Wohlergehen von Bauernhoftieren".[9]

Die erste Freiheit, die Freiheit von Hunger, Durst und Fehlernährung, ist für mich dabei am leichtesten zu überprüfen. Die Herde bekommt täglich gutes Heu und Stroh, und selbst wenn die Weide, wie in diesem Sommer, vertrocknet ist, haben die Tiere immer noch genügend Gras, Laub und Äste zur Verfügung beim täglichen Spaziergang mit mir durch den Wald, der das Klausengelände umgibt. Ebenso hängt ein Salzleckstein im Stall und hochwertiges Mineralstoffpulver gibt es zusätzlich nach Bedarf. Die verschiedenen Leckerlis, wie klein geschnittene Möhren, Äpfel oder Birnen, kommen noch dazu, außerdem die „Ziegensahnetorte", das Kraftfutter, das es manchmal in kleinen Mengen gibt und hinter dem sie allesamt her sind wie Schwarzes Mädchen hinter den Eicheln. Frisches Wasser steht immer zur Verfügung und der Tierarzt ist mit ihrem Zustand bis jetzt immer zufrieden gewesen.

Auch bei der zweiten Freiheit, der Freiheit von Unbehagen und haltungsbedingten Beschwerden, habe ich keine Sorge. Meine Zwerge haben im Stall und auf dem gesamten Klausengelände mehr Platz, als es die Tierschutzverordnung vorschreibt. Sie können den Stall jederzeit verlassen, auch nachts. Es gibt mehrere Ausgänge, damit nicht eine Ziege den Eingang oder Ausgang blockiert, um zu Machtkämpfen herauszufordern, wie das zurzeit „Madam" Milly immer wieder versucht. Manchmal sitze ich bei ihnen im Stall, wenn es draußen schüttet wie aus Kübeln. Es ist körperlich spürbar für mich, wie sehr sie es genießen, im trockenen Stroh oder auf einer der erhöhten Flächen zu liegen, nach draußen in den Regen zu schauen und genüsslich wiederzukäuen. Vor allem in diesen letzten Wochen, in denen so viel Nachwuchs im Stall herumwuselt, ist es doppelt schön, die Muttertiere mit ihren Jungen zufrieden zusammenliegen zu sehen. Es ist ein Bild, das auch mir guttut.

Bei der dritten Freiheit komme ich schon ein wenig ins Nachdenken. Die Freiheit von Schmerz, Verletzung und

Krankheit finde ich schwierig. Zunächst ist es natürlich klar – ich versuche alles zu vermeiden, was ihnen Schmerz zufügen könnte. Sie werden weder geschlagen noch angebunden. Die Tierärzte, die ich seit Beginn für die Herde konsultiere, sind kompetent auch für Ziegen, was nicht immer selbstverständlich ist. Muss ich Böcke kastrieren lassen, ist die unblutige Form die Regel ohne Ausnahme, und es gibt nicht nur eine leichte Narkose und örtliche Betäubung, sondern auch ein Schmerzmittel, was mehrere Tage anhält. Nach dem Eingriff, der nur wenige Minuten dauert, bleibe ich so lange im Stall mit dem Bock auf dem Schoß, bis er wieder allein stehen kann.

Haltungsbedingte Krankheiten hatten meine Tiere nur ein einziges Mal, als sich aufgrund von Zinkmangel eine Hautpilzerkrankung breitmachte. Zwergziegen haben einen sehr hohen Zinkbedarf, der seitdem durch ein spezielles Mineralstoffpulver gedeckt wird. Stallhygiene, regelmäßige Entwurmung mit wechselnden Mitteln und Klauenpflege sind ebenfalls selbstverständlich. Kann ich meine Tiere aber damit vor jedem Schmerz oder jeder Erkrankung bewahren? Sicher – Schmerzen und Verletzungen, die durch eine unsachgemäße Haltung verursacht werden, kann ich zu 100 Prozent vermeiden. Und diese sind natürlich mit der dritten Freiheit gemeint.

Aber meine Überlegungen gehen weiter. Wenn ich meine Zwerge beobachte, wie sie miteinander kabbeln und kämpfen, sich zum Beispiel auf die Hinterbeine stellen und mit voller Wucht die Köpfe aneinanderschlagen oder sich gegenseitig die Hörner in den Bauch oder den Batzen stoßen, kann ich das nicht verhindern. Und auch wenn Chefin Frieda die Tiere schnell zu trennen versucht, die ernsthaft miteinander streiten, werden da doch Schmerzen zugefügt und manchmal verletzen sie sich auch dabei.

Bei einigen Positionen von Tierschützern, oder besser: fast militanten Tierrechtlern, habe ich das Gefühl, dass sie sich für die Tiere ein schmerzloses Leben als eine Art Ersatz wünschen. Es mutet manchmal an wie eine Projektion: Tieren soll jeder Schmerz erspart werden, weil das Leben dessen, der sie betrachtet, nicht ohne Schmerz, also eben schmerzvoll ist. Aber Schmerz gehört zum Leben. Auch das kann ich von meinen Tieren lernen.

Als Alice das zweite Mal trächtig war, habe ich mich so gefreut. Doch das viel zu kleine Böckchen wurde tot geboren. Mir tat es weh, den kleinen Körper begraben zu müssen, aber Alice hat volle drei Tage weinend ihr Kitz gesucht. Sie hat nicht gefressen, kaum etwas getrunken, ist fast den ganzen Tag herumgelaufen und hat nach ihrem Baby gerufen. Für mich war es unerträglich, ihr Rufen und Suchen mitzubekommen. Aber ich konnte auch beobachten, dass Frieda und Schwarzes Mädchen sich immer wieder vorsichtig Alice annäherten. Sie rieben ihr Gesicht an ihrem Gesicht, knabberten an ihrem Hals und ließen sie mit allen normalen Streitereien und Kabbeleien, die sonst an der Tagesordnung sind, in Ruhe. Ein soziales Verhalten, das man bei uns

Menschen als tröstenden Beistand in einem Trauerfall ansehen würde.

Schmerz kann in einem Leben nicht zu 100 Prozent vermieden werden, aber er ist leichter zu verkraften, wenn man nicht allein ist. Und was verkraftet werden kann, birgt das nicht die Chance in sich, mehr vom Leben zu verstehen? Das Thema Schmerz spielt schon in den Bereich der vierten Freiheit hinein, die die Freiheit von Angst und Leiden betrifft. Auch hier ist von der Vermeidung von unnötigem Leid und von einer vermeidbaren Angst die Rede. Das wichtigste Element, um diese Freiheit zu garantieren, ist eine gelungene Beziehung zwischen Mensch und Tier.

Sind sie ein „Etwas" oder sind sie ein „Jemand"?

Wer die Bedürfnisse seiner Tiere rein daran misst, wie profitabel ihr Leben und ihre Produkte für ihn sind, wird immer wieder Abstriche an den Gegebenheiten machen, die notwendig sind für das grundsätzliche Wohlergehen seiner Tiere.

Bei meinen Überlegungen zur vierten Freiheit fiel mir ein alter pädagogischer Satz ein, den ich in der Ausbildung fast wie beiläufig gehört habe: Kinder sind immer in irgendeiner Weise ein Spiegel ihrer Eltern. Ich glaube, das trifft auch auf die Beziehung des Menschen zu seinem Haustier oder Nutztier zu. Es gibt viele Karikaturen, die Hund und Herrchen porträtieren oder Kätzchen und Frauchen. Sie zeigen auf witzige Weise, wie intensiv die Beziehung zwischen einem Menschen und seinen Tieren sein kann. So intensiv, dass sich zum Beispiel Herrchen und Hund im Laufe der Zeit immer ähnlicher werden. Weiß ich, wie sehr meine Person, meine Persönlichkeit die Beziehung zu meinen Tieren beeinflusst? Es fängt ja schon damit an, wie ich meine Tiere sehe – sind sie ein „Etwas" oder sind sie ein „Jemand"? Echte, das heißt gelingende Beziehungen basieren unter anderem auf guter Kommunikation, die mit Vorvertrauen und einem grundlegenden Respekt dem anderen gegenüber verbunden ist. Dabei kommt es nicht nur auf die gleiche Sprache an, was also welche Bedeutung hat.

Ein Dialog, der diese Bezeichnung verdient, ist nicht nur auf die größtmögliche verbale Übereinstimmung angewiesen. Der breit gefächerte Bereich des nonverbalen Informationsaustausches gehört ebenfalls ohne Zweifel dazu, auch wenn er manchmal wie unsichtbar ist. Nonverbale Kommunikation „spricht" mit allen Sinnen. Zwischen Mensch und Mensch, zwischen Tier und Tier, aber auch zwischen Mensch und Tier. Mimik, Gestik, die Körperhaltung, ja sogar der Geruch und die haptischen Reize, die bei einer Berührung übermittelt werden, sind in höchstem Maße kommunikativ. Alles sendet eine Botschaft zum Dialogpartner und zu jedem, der mir oder uns zusieht.

Das bedingt aber auch, dass ich mir meiner Körpersprache, meiner nonverbalen Signale bewusst bin. Ich muss wahrnehmen – nicht nur, was mein Verstand zu den Aussagen meines Gegenübers sagt, sondern ich muss auch meine Regungen und Gefühle, meine Abneigungen und Zustimmungen in den Blick nehmen, sie wahrnehmen, vor allem, wenn sie in den tieferen Schichten meines Bewusstseins liegen. Reflexion und das Nachspüren der eigenen Motivation sind dabei die wichtigsten geistigen und geistlichen Instrumente, diese Regungen wahrzunehmen. Denn diese Regungen gehören immer zum Gesamtpaket der Kommunikation, zu all dem, was ich als Information vermittle oder was mein Dialogpartner in mir auslöst. Dabei gilt auch: Man kann nicht nicht kommunizieren. Selbst Schweigen und Abwenden sind eine Botschaft. Das gilt auch für die Kommunikation zwischen Mensch und Tier.

Gesunde Tiere kommunizieren unverfälscht. Sie agieren und reagieren mit und auf den Menschen ohne Hintergedanken, ohne Ansehen dieser Person und ihrer gesellschaftlichen, kulturellen, politischen und kirchlichen Ansichten oder ihrer Stellung. Sie nehmen immer sehr genau die Befindlichkeiten, die Gefühle und Stimmungen, sogar den Gesundheitszustand der jeweiligen Person wahr.

Erst in den letzten Jahren beginnt auch die Wissenschaft diesem spannenden Sachverhalt empirisch nachzugehen. So zeigte vor Kurzem eine britische Studie, dass Ziegen sehr genau den Gesichtsausdruck eines Menschen erkennen und einschätzen können. Das wissenschaftliche Team von Christian Nawroth, Natalie Albuquerque, Carine Savalli, Maria-

Sophie Single und Alan G. McElligott konnte nachweisen, dass Ziegen bevorzugt auf ein lächelndes Gesicht reagieren.[10]

Es ist eben eine alte Wahrheit: Ein Lächeln ist die beste Basis für den Anfang einer gelungenen Kommunikation. Lasse ich mich auf eine Kommunikation mit meinen Tieren ein, lerne ich ihre Sprache und versuche in solchen „Dialogen" zuzuhören, ist das der erste Schritt, Angst zu vermeiden.

***

Ich kann mich noch gut an den langsamen und langen Prozess erinnern, wie Locke, ein wunderschöner junger Zwergziegenbock, seine Angst und seine daraus erwachsenen Aggressionen verlor. Auf der Suche nach einem passenden deckfähigen Bock für meine Ziegendamen hatte ich ihn in einem Internetforum angeboten gefunden und machte mich auf den Weg, ihn anzuschauen. Eigentlich wollte ich ihn nur für eine Deckzeit von etwa vier bis fünf Wochen ausleihen. Ein deckfähiger Bock, der dauernd mit einer Herde zusammenlebt, sorgt für beständigen Nachwuchs, was meine Kapazitäten an Platz und Futter schnell sprengen würde. Außerdem bringt ein so junger potenter Kerl sehr viel Unruhe in eine Herde, von seinem kräftigen Duft ganz zu schweigen. Ich liebe den Geruch meiner Ziegen wirklich sehr. Ziegenböcke aber sind „Maulharner", so der zoologische Begriff. Das bedeutet, sie urinieren sich zeitweise ins Maul und ins Gesicht – eine Form der Schönheitspflege und für Ziegendamen ein sehr attraktives Herrenparfüm. Aber nur für Ziegendamen!

Als ich damals die Haltungsbedingungen von Locke und seinen miserablen Gesundheitszustand sah, habe ich ihn sofort gekauft. Er war sehr unruhig und aufgeregt und hatte anscheinend schon mehrmals den Besitzer gewechselt. Beim Abholen mit dem Viehtransporter sagte der damalige Besitzer, der „blöde Bock" hätte ihn gebissen, was für Ziegenböcke sehr unüblich ist. Locke hatte große Angst. Er traute mir verständlicherweise nicht und bekam Panik, wenn meine Hände ihm zu nahekamen und ich ihn anfassen wollte. Ein ziemlich sicheres Zeichen dafür, dass er wahrscheinlich Prügel bekommen hatte. Die tierärztliche Untersuchung zeigte Mangelernährung und eine so starke Verwurmung, dass die Tierärztin und ich nur den Kopf schütteln konnten.

Meine Ziegendamen waren natürlich neugierig und aufgeregt, was da für ein hübscher und höchst interessanter Zuwachs in die Herde gekommen war. Für mich ging es zunächst darum, seinen Gesundheitszustand zu verbessern und ihm die Angst vor dem Anfassen zu nehmen. Die Hierarchie in der Herde hatte er schnell verstanden und schon in den ersten Tagen versucht, sie kräftig durcheinanderzubringen. Aber bis heute ist ohne Zweifel Frieda die Chefin, auch wenn sie manchmal sehr genervt ist vom Temperament dieses Jungbocks, der sie permanent herausfordert. Zudem musste Locke begreifen und anerkennen, dass ich die Oberziege über allen und allem bin.

Klare nonverbale Kommunikation war während dieser Phase eine tägliche und oft nicht leichte Anforderung. Wenn Locke mit schräg gelegtem Kopf und auf Krawall gebürstet langsam auf mich zukam, musste ich mit deutlicher Körpersprache signalisieren: Kleiner, lass es, ich bin stärker, du hast keine Chance. Ab und zu entstand dabei eine Situation, die viel Ähnlichkeit hatte mit den alkoholschwangeren Pöbeleien zwischen zwei Machotypen in einer Kneipe. Er brauchte nicht lange, bis er meine „Oberhoheit" akzeptieren konnte. Schließlich war ich außerdem noch Futterlieferantin und Leckerlispezialistin.

Mit dem Anfassenlassen allerdings dauerte es sehr viel länger. In der Erziehung von Hunden oder während einer Therapie für verhaltensauffällige Vierbeiner ist das „Zwangskuscheln", das Streicheln des Tieres gegen seinen Willen, verpönt. Locke aber musste zügig lernen, dass meine Hände ihm nicht wehtaten und dass das Anfassen ab und zu nötig ist. Tierarztbehandlungen, wie zum Beispiel eine gründliche Untersuchung, die mehrmalige Wurmkur, die Klauenpflege und das Anlegen des Halsbandes für den Gang durch den Wald gingen nun mal nicht, ohne dass ich ihn berührte. Also gab es nach jedem Einfangen und Halsbandumlegen oder wieder -abnehmen einige Momente, in denen ich ihn vorsichtig und sanft streichelte. Er ließ es zu mit angespannten Muskeln und großen Augen, nicht ohne sich anschließend ausgiebig zu schütteln, so als wolle er die seltsame Erfahrung möglichst schnell wieder vergessen.

Inzwischen ist aus ihm ein zufriedener Zwergziegenpapa mit drei hübschen Söhnen geworden, dessen glänzendes Fell und klare Augen mich täglich neu begeistern. Auch mit dem Streicheln hat er sich arrangiert. Von Zeit zu Zeit fordert er es sogar ein und genießt die kräftige Berührung. Nur wenn er im Stall unverhofft in eine Situation kommt, wo er nicht mehr ausweichen kann, steigt die alte Angst noch einmal in ihm hoch. Dann gebe ich ihm den Weg frei und muss schmunzeln, weil seine erleichterten, verrückten Bocksprünge zeigen, dass es ihm grundsätzlich gut geht.

***

Das betrifft auch die letzte Freiheit: Die Freiheit, das artspezifische Verhalten und soziale Leben ausleben zu können, das zu einer Tierart gehört. Jahrhundertelang sperrte der Mensch Tiere in enge Käfige, reduzierte das Nahrungsangebot und den Bewegungsradius auf ein Minimum, sodass ein Ausleben der spezifischen Bedürfnisse von vorneherein ausgeschlossen war. Die Bilder und Erzählungen über die Haltung von Ziegen in früheren Jahrhunderten sprechen eine deutliche Sprache. Angebunden in höhlenartigen Hütten, ohne ausreichende Unterstreu, täglich nur einen Haufen gemähtes Gras, selten einmal ein Gang an Feldrändern entlang oder durch ein Gelände, dessen Gras für andere Weidetiere zu schlecht war – das war leider oft jahrelange Realität für Milchziegen.

Die schlechte Haltung und damit verbunden eine äußerst mangelhafte Stallhygiene waren übrigens dafür verantwortlich, dass Ziegenmilch und Ziegenfleisch lange ein sehr schlechtes Image hatten. Kein Wunder, wenn sich fauliges Stroh und alter Mist im Stall stapeln, riecht nicht nur die Ziege streng, sondern auch ihre Milch und schreckt so empfindlichere Nasen ab.

Ein weiteres, besonders eindrucksvolles lyrisches Beispiel für die krasse Missachtung von artspezifischen Bedürfnissen ist ein Gedicht von Rainer Maria Rilke (1875–1926). „Der Panther", verfasst etwa um 1902 oder 1903, beschreibt Rilkes Begegnung mit dem Raubtier im Jardin des Plantes in Paris. Wenn ich meine jungen Zwergziegen dabei beobachte, wie sie beim Spazierengehen um die Wette rennen, kann ich ihre Schnelligkeit und Wendigkeit nur bewundern. Aber das ist nichts im Vergleich zur geschmeidigen Rasanz und Eleganz eines Raubtieres auf der Jagd. Es ist ein perfekt aufeinander abgestimmtes Spiel mächtiger Muskeln, die den in manchen Regionen „Schwärzling" genannten dunklen Leoparden durch den afrikanischen Dschungel tragen. Auf seinen großen und weichen Tatzen ist er auf der Suche nach Beute und beobachtet die Umgebung mit seinen grüngelb leuchtenden Katzenaugen, die jede Bewegung in seinem Umfeld wahrnehmen. Selbst in mondlosen Nächten durchdringen sie die Finsternis und erkennen, was in der Nähe kriecht und schleicht, klettert oder am Ufer eines Flusses im Wasser watet, denn sie sind sechsmal fähiger als die Augen des

Menschen. Seine Ohren, mit tausend feinen Härchen besetzt, verorten genau, wo ein Gegenüber lauert und nehmen dabei auch Frequenzen wahr, die der Mensch nur mit ausgefeilten technischen Hilfsmitteln hören kann. Meterhohe Bäume sind für ihn kein Hindernis, sondern willkommene Ruheplätze und Aussichtsplattformen, die er mithilfe seiner langen, starken Krallen erklimmt. Entspannt lagert er sich dort auf dicken Ästen, und die afrikanische Sonne zeichnet die Rosettenmarkierungen nach, die durch das tiefdunkle Fell nicht ganz verdeckt werden können – sie sind wie tanzendes Gold, das, eingebettet in schwarzem Samt, verborgen schimmert wie ein kostbarer Schatz hinter Schleiern.

Eine Maus hat einen Lebensradius von wenigen Quadratmetern. Sie in einem großen Käfig zu halten, dürfte trotzdem wohl zu einem halbwegs zufriedenen Mäuseleben führen. Das Revier eines Panthers kann mehr als 100 Quadratkilometer umfassen. Ihn in kleine Käfige einzusperren, ihn einzupferchen zwischen enge Eisenstangen, wie Rilke es um die Wende zum 20. Jahrhundert in Paris beobachten musste, ist wie eine Verurteilung zu einem langsamen Sterben.

„Ihm ist, als ob es tausend Stäbe gäbe
und hinter tausend Stäben keine Welt."

Die Kraft seiner Muskeln, zum ausdauernden Trab oder blitzschnellen Sprint geschaffen, Ausdruck einer geschenkten, einer kostbaren Freiheit – reduziert auf Mausniveau.

„Der weiche Gang geschmeidig starker Schritte,
der sich im allerkleinsten Kreise dreht,
ist wie ein Tanz von Kraft um eine Mitte
in der betäubt ein großer Wille steht."

Es ist ein qualvolles Sterben, zu dem der Mensch ein solch faszinierendes Geschöpf verurteilt; ein Sterben, bei dem das Geschöpf lange existieren kann, ohne wahrhaft leben zu können, weil das Herz schon längst getötet worden ist.

„Dann geht ein Bild hinein,
geht durch der Glieder angespannte Stille
– und hört im Herzen auf zu sein."[11]

Welche innere Haltung steht hinter der Tat, Tiere aus ihrem angestammten Lebensraum herauszureißen und sie wie Ausstellungsstücke in engen Behältnissen zu präsentieren? Motivation und innere Haltung entstehen im Ursprung aus dem Weltbild des Einzelnen. Menschliche Vorstellungen von der Welt, dem Platz, der Aufgabe und den Rechten und Pflichten des Menschen erwachsen aus einer Vielzahl von Komponenten. Von Geburt an bildet sich ein solches Weltbild durch Außenreize, eigene und andere Erfahrungen, Vorbilder und Sichtweisen, die an den Menschen herangetragen und in ihm ausgelöst werden und die er in den verschiedenen Phasen seines Lebens kennenlernt und ablehnt oder übernimmt. Der Mensch lernt bis ins hohe Alter. Auch sein Weltbild ist darum nicht unveränderlich und ewig gültig, zumal es auch beeinflusst wird durch die immer wieder wechselnden Strömungen in Politik, Gesellschaft, Kirche und durch alle Ereignisse in dieser Welt.

Jedes Weltbild beinhaltet auch ein Bild vom Menschen, ein Wissen über ihn, das eine Einschätzung der eigenen Person im Kontext dieser Welt erlaubt. Weltbild und Menschenbild bedingen einander. Die eine Vorstellung zieht ihr Wissen und die Rückschlüsse aus dem Wissen und den Rückschlüssen der anderen Vorstellung von Welt und Mensch. Und natürlich: Das Wissen über den Menschen steht in direkter Wechselbeziehung zum Wissen über das Tier.

Genauso steht das Gottesbild mit beiden in direkter Verbindung. Weltbild, Menschenbild und Gottesbild sind miteinander zutiefst verflochten. Über Jahrhunderte war in der Philosophie und vor allem in der Theologie das Verhältnis von Gott und Welt auf das Verhältnis von Gott zum Menschen reduziert. Tiere schienen ausgeblendet, wie aussortiert zu sein. Für manche Philosophen und auch Theologen waren sie nur ein Ding, oder, wie der französische Philosoph und Naturwissenschaftler René Descartes (1596–1650) erklärte, nur eine Art von Maschinen.

Für Albert Schweitzer (1875–1965), den großen Arzt, Philosophen und evangelischen Theologen, ein Skandal. In seinen Schriften kritisierte er immer wieder, dass in Ethik und Moral die Tiere praktisch ausgeklammert wurden: „Wie die Hausfrau, die die Stube gescheuert hat, Sorge trägt, dass die

Tür zu ist, damit ja nicht der Hund hereinkomme und das getane Werk durch die Spuren seiner Pfoten entstelle, also wachen die europäischen Denker darüber, dass ihnen keine Tiere in der Ethik herumlaufen. Was sie sich an Torheiten leisten, um die überlieferte Engherzigkeit aufrechtzuerhalten und auf ein Prinzip zu bringen, grenzt ans Unglaubliche. Entweder lassen sie das Mitgefühl gegen Tiere ganz weg, oder sie sorgen dafür, dass es zu einem nichtssagenden Rest zusammenschrumpft. Lassen sie etwas mehr davon bestehen, so glauben sie, dafür weit hergeholte Rechtfertigungen, wenn nicht gar Entschuldigungen vorbringen zu müssen. Es ist, als hätte Descartes mit seinem Ausspruch, dass die Tiere bloße Maschinen sind, die ganze europäische Philosophie behext."[12]

Erfahrungen, die die Bibel anders lesen lassen

In den ersten Monaten wurde ich immer wieder gefragt, warum ich denn Ziegen habe und nicht Schafe oder einen Hund, ein niedliches Pony oder Esel, die doch biblischer wären als Ziegen. Auch die Fragen nach dem „Nutzwert" dieser Tiere kamen immer wieder. Meine Antworten waren ziemlich knapp: Ich mag Ziegen, ich finde sie faszinierend und nein, sie werden nicht geschlachtet und auch ihre Milch verbrauche nicht ich, sondern sie steht dem Nachwuchs voll zur

Verfügung. Abgesehen davon, dass Zwergziegen sehr wenig Milch haben, sind meine Tiere es auch nicht gewohnt, gemolken zu werden. Es wäre enormer Stress für sie, wenn ich das versuchen würde. Ich trinke sehr gern Milch, aber ich kaufe sie im Laden oder hole sie direkt vom Bauern. Manchmal klang eine leise Unsicherheit in meinen Erklärungen durch, was ich selbst bemerkte und was mich zu intensiverem Nachdenken brachte.

Je mehr ich mich aber mit dem Thema Tier und Tierhaltung beschäftigte, umso erschreckender wurde mir klar, wie sehr wir Christen den Auftrag, den wir mit der Taufe erhalten haben, entweder komplett ignorieren oder gründlich missverstehen. Als Einsiedlerin gehört die Bibel zum täglichen Brot.

Zeiten der Schriftlesung und der Meditation in verschiedenen Formen sind den Tag über eingeplant. Aber bei allen Ansichten und Dingen in dieser Welt färbt der Hintergrund des persönlichen Lebens die Brille, durch die wir diese Welt sehen und sehen wollen. Erst nach und nach, sozusagen im Zusammenspiel mit den „sinnlichen" Erfahrungen mit meinen Zwergen bekam meine Brille eine andere Tiefenschärfe.

Meinen Tieren zuzuschauen, sie zu hören, zu beobachten und ihre Sprache zu lernen, den feinen, herben Geruch der Ziegen und den manchmal heftigen Duft der Böcke zu riechen, ihr seidiges Sommerfell und den dicken Pelz im Winter durch meine Finger gleiten zu lassen – das alles war nicht nur Freude, sondern nachdrückliche Erfahrung und ließ mein Herz und meine Seele offener werden für das, was Gottes Wort, was die Bibel, mir sagt. Es bedeutete auch, dass ich die Heilige Schrift anders lesen musste. Denn schon im ersten Buch der Bibel, der Genesis (1. Mose), werden Aussagen gemacht, die über Jahrhunderte einseitig interpretiert wurden.

> *Dann sprach Gott: Lasst uns Menschen machen als unser Bild, uns ähnlich! Sie sollen walten über die Fische des Meeres, über die Vögel des Himmels, über das Vieh, über die ganze Erde und über alle Kriechtiere, die auf der Erde kriechen. Gott schuf den Menschen als sein Bild, als Bild Gottes schuf er sie. Männlich und*

weiblich erschuf er sie. Gott segnete sie und Gott sprach zu ihnen: Seid fruchtbar und mehrt euch, füllt die Erde und unterwerft sie euch und herrscht über die Fische des Meeres, über die Vögel des Himmels, über das Vieh und über alle Tiere, die auf der Erde kriechen!
(Genesis/1. Mose 1,26-28)

Walten, unterwerfen, herrschen – ist das nicht eine Einladung zu ungehemmter Gewalt Tieren gegenüber? Aber alle Texte, alle Wortwahl, alle Aussagen der Bibel müssen im Kontext der historischen Situation ebenso wie im Zusammenhang der gesamten Heiligen Schrift gelesen werden. Entstanden sind die Begriffe und Bilder der ersten Bücher der Bibel in einer Zeit, in der der Mensch Lebensraum für sich schaffen, gestalten und verteidigen musste. Der völlig andere kulturelle Kontext sei zu bedenken, erläutert dazu Silvia Schroer, Professorin für Altes Testament: „Die Menschen waren gegenüber der Tierwelt in der Minderheit, die Tierwelt stellte eine echte Bedrohung dar. Herrschaft und Kontrolle, die Lebensräume für Menschen schufen, galten in dieser Situation als hoher Wert."[13]

Das aber ist Tausende von Jahren her. Heute prägen andere Bedingungen das Lebensumfeld der Menschen, und es gibt andere Möglichkeiten, diesen Lebensraum zu schützen. Der Blick auf Tiere und ihre Umwelt muss verändert werden und in einer großen Verantwortung geschehen gegenüber allem, was auf dieser Erde lebt. Diese Verantwortung ist nicht nur eine unabdingbare Verpflichtung. Der fundamentale Umbruch, der seit Jahren immer deutlicher zutage tritt und der sich in den Stichworten wie Klimawandel und Artensterben ausdrückt, zeigt, wie notwendig eine Veränderung auch in der Wahrnehmung den Tieren gegenüber ist.

Papst Franziskus hat in seiner Enzyklika *Laudato Si'* unmissverständlich darauf hingewiesen. Er bezieht sich dabei auf den zweiten Schöpfungsbericht im ersten Buch der Bibel: „Gott, der HERR, nahm den Menschen und gab ihm seinen Wohnsitz im Garten von Eden, damit er ihn bearbeite und hüte" (Genesis/1. Mose 2,15). Bearbeiten oder bebauen und hüten, das ist eine andere Wortwahl, sagt aber Gleiches aus, wie Papst Franziskus ausführt: „Während ‚bebauen' kultivieren, pflügen oder bewirtschaften bedeutet, ist mit ‚hüten' schützen, beaufsichtigen, bewahren, erhalten, bewachen gemeint. Das schließt eine Beziehung in verantwortlicher Wechselseitigkeit zwischen dem Menschen und der Natur ein. Jede Gemeinschaft darf von der Erde das nehmen, was sie zu ihrem Überleben braucht, hat aber auch die Pflicht, sie zu schützen und das Fortbestehen ihrer Fruchtbarkeit für die kommenden Generationen zu gewährleisten. Denn ‚dem Herrn gehört die Erde und alles, was auf ihr lebt.' (Deuteronomium/5. Mose, 10,14)"[14]

Tiere auf ihren reinen Nutzwert zu reduzieren entspricht in keinem Fall also dem christlichen Glauben, wie er in der Bibel grundgelegt ist. Papst Franziskus konkretisiert dies im Bezug auf die Tiere noch einmal: „Während wir die Dinge in verantwortlicher Weise gebrauchen dürfen, sind wir zugleich aufgerufen zu erkennen, dass die anderen Lebewesen vor Gott einen Eigenwert besitzen und ihn ‚schon allein durch ihr Dasein preisen und verherrlichen'."[15]

Kapitel 4:
Eine Frage, die wir neu stellen müssen

Der Prozess, der durch meine Zwergziegen angestoßen wurde, dauerte lange und er ist bis heute noch nicht beendet. Wie ein Seil aus vielen verschiedenen Fäden, wie ein Strom, den viele unterschiedliche Quellen speisen, so fügte sich mit der Zeit Mosaiksteinchen an Mosaiksteinchen zu einem Bild zusammen. Meine Brille, mit denen ich Tiere, auch meine Tiere, betrachtete, klärte sich, verlor ein paar ihrer blinden Flecken und gewann zunehmend an Schärfe.

Wenn ich am frühen Morgen in meiner Kapelle saß und die Laudes, das Morgengebet aus dem Stundenbuch, betete und aus dem Buch des Propheten Daniel den Lobgesang der jungen Männer im Feuerofen las, dann war das fröhliche Meckern meiner Zwerge draußen vor dem Kapellenfenster wie ein zustimmendes Mitbeten, wie eine Bestätigung, dass ihre Existenz, ihr Da-Sein wirklich eine Verherrlichung Gottes ist.

Preist den HERRN, ihr Tiere des Meeres/
und alles, was sich regt im Wasser,/
lobt und rühmt ihn in Ewigkeit!
Preist den HERRN, all ihr Vögel am Himmel;/
lobt und rühmt ihn in Ewigkeit!
Preist den HERRN, all ihr Tiere, wilde und zahme;/
lobt und rühmt ihn in Ewigkeit!

(Daniel 3,79-81/Daniel 3, 55-57)

Regnet es um die Klause, erinnere ich mich oft an die vielen Gewittertage ganz am Anfang. Die Klause St. Anna war noch kaum renoviert, vieles nur mangelhaft gesichert, und dann kamen Donner, Blitz, Hagelstürme oder Regenschauer über die weiten Felder herangefaucht. Sie tobten um das kleine Haus und rüttelten wie mit Riesenfäusten an Dach und Fenstern. Ich saß meist in dem noch kahlen, unverputzten Raum, der später die Küche werden sollte, und hörte, wie das Wasser in den alten, riesigen, steigbaren Schornstein prasselte. Und wenn dann kurze Zeit später der Himmel aufklarte und sich häufig ein Regenbogen über dem Haus aufbaute, bunt und schimmernd wie ein Leuchtfeuer, fiel mir jedes Mal die uralte Noahgeschichte ein.

Es waren Bilder in meinem Kopf, die sich aus Hollywoodfilmen, Kinderbibeln und Marc Chagall oder Salvador Dalí zusammensetzten. Ich habe diese alttestamentliche Geschichte oft in den verschiedenen Gottesdiensten gehört, manchmal trocken verlesen, dann wieder fantasievoll von

Kindern gespielt, einmal habe ich sie sogar als Motiv einer Kindergartenkerze gestalten dürfen. Aber habe ich dabei wirklich begriffen, was ich gehört hatte?

> *Meinen Bogen setze ich in die Wolken;*
> *er soll das Zeichen des Bundes werden*
> *zwischen mir und der Erde.*
> *Balle ich Wolken über der Erde zusammen und*
> *erscheint der Bogen in den Wolken,*
> *dann gedenke ich des Bundes,*
> *der besteht zwischen mir und euch und allen Lebewesen,*
> *allen Wesen aus Fleisch,*
> *und das Wasser wird nie wieder zur Flut werden,*
> *die alle Wesen aus Fleisch verdirbt.*
> (Genesis/1. Mose 9,13-15)

Gott schließt einen Bund mit uns und (!) der Erde, mit uns Menschen und mit allen Wesen aus Fleisch. Es ist also ein Bund, der nicht nur zwischen Gott und uns Menschen geschlossen wird und in den auch irgendwie der Rest der Schöpfung mit hineingehört. Nein, der Bund und die Zusage, die damit gegeben wird, das ist ein unbedingtes Zusprechen, eine von Gott nicht wieder rückgängig gemachte Zusage der Heilsgnade. Und dieser Bund wird mit allen Lebewesen geschlossen! Alles, was lebt und west auf diesem Planeten, lebt aus der Gnade, die allen bedingungslos zugesprochen wird. Sie ist mir zugesprochen, auch meinen Zwergziegen, meiner

Katze und dem frechen Kater auch, der Blaumeise und dem Grünspecht ebenfalls und jedem Käfer, jeder Biene, jedem Regenwurm.

Die Freude am Dasein, die pure Lebenslust, der ich in der Heiligen Schrift nachspüren darf, die fand und finde ich wieder wie eine Entsprechung bei meinen Zwergziegen. Wenn sie morgens hinter der Stalltür rumoren und drängeln, damit ich endlich den Zugang zur Weide öffne und sie dann herausstürmen und mit wilden Sprüngen herumtoben, dann ist das wie eine lebendige Darstellung des Beispiels, das der Prophet Maleachi wählt. Ein Beispiel, das die überschäumende Freude derer demonstrieren soll, die Gott und seinen Heilswillen erkannt haben: „Ihr werdet hinausgehen und Freudensprünge machen wie Kälber, die aus dem Stall kommen". (Maleachi 3,20)

***

Es gab natürlich (und wird es wahrscheinlich immer wieder mal geben) auch schwere Zeiten in der Klause. Warum sollte eine Einsiedlerin davon verschont bleiben? Tage oder Wochen, in denen alte Wunden oder neue Probleme die Seele wie mit einem Berg dicker Findlinge zu Boden zu drücken schienen. Tage, in denen selbst meine Zwerge mich nicht wirklich aufheitern konnten. Manchmal nahm ich in solchen Stunden das Buch Ijob zur Hand, las kreuz und quer, um eine Antwort darin zu finden, und stieß eines Abends dabei auch auf die Gottesreden im 39. und 40. Kapitel. Geradezu liebevoll beschreibt das Buch Ijob hier die Welt der wilden Tiere und fragt, wer ihnen ihr Leben und ihre individuellen Eigenschaften gegeben hat. Löwin und Rabe, Steinböcke, Hirsche und ihre Jungen, Wildesel und Wildstier, Straußenhenne, Pferd und Nilpferd – sie alle sind faszinierend schön und ein Beispiel und Zeugnis der überbordenden Schöpfermacht Gottes. Und sie sollen der Einflussnahme des Menschen entzogen sein. Denn Gott ist der Schöpfer, nicht Ijob, nicht der Mensch.

> *Kommt es von deiner Einsicht, dass der Falke*
> *sich aufschwingt und nach Süden seine Flügel*
> *ausbreitet?*
> *Fliegt auf dein Geheiß der Geier empor*
> *und baut sein Nest im Horst in der Höhe?*
> *Auf Felsen wohnt und nächtigt er,*
> *auf der Felsenzacke und an steiler Wand. […]*
> *Sieh doch das Nilpferd, das ich wie dich erschuf.*
> *Gras frisst es wie ein Rind.*
> *Sieh die Kraft in seinen Lenden*
> *und die Stärke in den Muskeln seines Leibes!*
> *Aufgerichtet wie eine Zeder ist sein Schwanz,*
> *straff sind verflochten seiner Schenkel Sehnen.*
> (Ijob 39,26-28; 40,15-17)

Was für eine Botschaft war das damals für mich: Der Mensch und das Tier leben aus der einen gleichen tiefen Verbindung heraus, nämlich vom gleichen Schöpfer erschaffen worden zu sein.

Im Sommer, wenn die Arbeit nicht drängt und das Wetter es zulässt, hole ich manchmal am Nachmittag eine alte Isomatte aus dem Schrank und gehe in einen Winkel auf der hinteren Weide. Es ist ein geschütztes Plätzchen, nicht einsehbar von der Haustür, also auch halbwegs gesichert, was plötzliche Besucher angeht. Hier breite ich die Matte aus, lege mich auf den Boden und genieße die Wärme und die Stille. Über mir sind die dicht belaubten Äste der alten Eichen, die das Sonnenlicht filtern und in einen grün schimmernden Baldachin verwandeln. Meist schlafe ich schnell ein. Es ist warm, gemütlich, geschützt, der Wind bewegt ab und zu ein bisschen Luft über mir, vielleicht zwitschert ein Vogel in den Ästen, Hummelgesumms brummt irgendwo, es ist eine halbe Stunde wundervolles Nichtstun. Wenn ich aufwache, liegt die Herde im Halbkreis um mich herum. Es ist jedes Mal ein Bild des Friedens, das in mir die Sehnsucht nach Heil und nach einem endlosen, ewigen Frieden wachruft.

Einmal lag Alice so nah bei mir, dass ihr Atem meine Hand bepustete. Negrito, ihr zwei Monate altes Söhnchen, war herangeschlichen und wagte sich langsam näher und näher. Vorsichtig schnupperte er an meiner Nase und Wange. Komisch, dass die für ihn riesengroße Oberziege am Boden liegt. Dann traf mein Blick auf sein neugierig großes Auge.

Der Sehschlitz der Pupille ist im Dämmerlicht gerundet und weit geöffnet. Man sagt, die Augen seien die Fenster der Seele. Ein Spruch, der Hildegard von Bingen zugeschrieben wird. Und hier, in der lichtgrünen Helle eines Sommernachmittags, ganz kurz nur, geschieht etwas wie eine Begegnung in Zeitlosigkeit.

Ich schaue Negritos Auge an, sehe die schwarzen Wimpern rundherum unregelmäßig angeordnet und sinke förmlich in dieses Auge hinein. Menschenauge und Ziegenauge, ein Blick von Du zu Du, ein Moment wie das körperliche Eintauchen in Freude. Einen Wimpernschlag lang das vollkommene Da-Sein im Hier und Jetzt. In diesem Moment ist es nicht nur Begegnung in einer seltenen Form von Intimität. Es ist auch wie ein Aufblitzen, wie das unverhoffte Auseinanderklaffen eines Vorhangs und das Geschenk, hinein- oder besser dahinterzuschauen und zu begreifen: Wir sind miteinander verbunden in einer uralten, kreatürlichen Gemeinschaft, die unlösbar aufeinander bezogen ist und miteinander leben darf.

***

Auch für diesen kostbaren Moment finde ich eine Entsprechung in der Bibel. Von Jesus Christus berichtet der Evangelist Markus, dass Jesus nach der Taufe durch Johannes im Jordanfluss in die Wüste geht und mit den wilden Tieren lebt.

Seit der Wüstenwanderung des Volkes Israel, die das biblische Buch Exodus (2. Buch Mose) beschreibt, ist Wüste in der Geschichte der Spiritualität der Ort der außerordentlichen Gotteserfahrung und zugleich der Ort der Dämonen, der bösen Geister. Hier beginnt für Jesus eine Zeit der Versuchung und Klärung, eine Zeit, in der er bei und mit wilden Tieren zusammen lebt (vgl. Markus 1,13b). Das bedeutete ein echtes Miteinander und nicht nur das Leben in einer Gegend, in der es auch noch wilde Tiere gab.

Die kurze Schriftstelle steht in engster Verbindung mit den Versen vorher, die von seiner Taufe erzählen. Eine Verbindung, die der Evangelist als Hinweis auf Apokalypse und Vollendung verstanden wissen will. Die Taube, als Bild für die Sendung des Heiligen Geistes, ist ein Tier des Luftraums.

Sie symbolisiert die Verbundenheit von Himmel und Erde, die in Jesus gegenwärtig ist. Die wilden Tiere sind erdverhaftet, sie sind irdisch und sie stehen hier als deutlicher Fingerzeig. Das Leben Jesu in dieser Zeit mit den wilden Tieren direkt nach dem Ereignis der Taufe weist voraus, wozu sein Leben und Leiden, sein Tod und seine Auferstehung führen werden: Zur Vollendung der gesamten Schöpfung.

Wahrscheinlich ging Jesus in das Bergland von Judäa, ein Gebirge, das bis zu 1000 Metern aufragt und mit vielen Schluchten und Höhlen durchzogen ist. Hier leben heute noch Steinböcke, Wildesel, Schakale und der Schrei großer Kaiseradler steigt an den Wänden der Felsen empor. Ein unwirkliches Land, karg, trocken und einsam, aber vielleicht damals schon das Durchzugsgebiet riesiger Vogelzüge im Frühjahr, die heute Israel zum Land mit der höchsten Dichte an Vogelarten weltweit machen.

Hier bei und mit wilden Tieren zu leben ist nicht nur eine große Herausforderung. Jesu Wüstenzeit als eine Zeit von Versuchungen und der Klärung über die eigene Sendung verweist auch zum einen auf die vergangene, die verlorene Zeit im Paradies. Paradies verstanden als Bild des ersten Wohnortes der Menschen auf der Erde, in dem Adam und Eva der Versuchung nicht standhielten. Der Evangelist Markus wirft aber auch mit seinen wenigen Sätzen sozusagen gleichzeitig einen Blick voraus auf die eine Zeit, in der die wilden Tiere wieder in Frieden untereinander und mit dem Menschen leben werden. Die Zeit der Vollendung ist die

Herrschaft der unbedingten Liebe Gottes, der nichts mehr entgegengesetzt wird. Hier scheint auf, wer dieser Rabbi aus Nazareth ist: Er, Jesus, ist der vollkommene Mensch. Das bedeutet, er lebt nicht nur damals in Einklang mit Gott und den Menschen, sondern auch mit der ganzen Schöpfung. In jedem Christen, in jedem Menschen, der versucht nach dem Willen Gottes zu leben, ist Jesus gegenwärtig und wirkt mit den Menschen, die zu ihm gehören, die ihn suchen und seinen Weg gehen wollen, an der Vollendung der Welt weiter. Die Prophezeiung des Jesaja aus dem Alten Testament nahm dieses Vollendet-Sein in einem wunderbaren Bild voraus:

Der Wolf findet Schutz beim Lamm,
der Panther liegt beim Böcklein.
Kalb und Löwe weiden zusammen,
ihre Jungen liegen beieinander.
Der Löwe frisst Stroh wie das Rind.
Der Säugling spielt vor dem Schlupfloch der Natter
und zur Höhle der Schlange streckt das Kind
seine Hand aus.
Man tut nichts Böses und begeht kein Verbrechen
auf meinem ganzen heiligen Berg:
denn das Land ist erfüllt von der Erkenntnis
des HERRN,
so wie die Wasser das Meer bedecken.

(Jesaja 11,6-9)

Dotty und das erste Lächeln einer kranken Frau

Der Kern der Erzählung vom ersten Menschenpaar, das im Garten Eden in vollkommenem Einklang und Frieden mit Gott, mit sich selbst und mit der gesamten Mitwelt lebte, ist der Urgrund, der archaische Sehnsuchtsort, der in allen Genen noch irgendwie verborgen schläft.

Berührend ist es, wenn es Momente gibt, in denen dieses bewusst wird. Mehr noch, wenn deutlich wird, dass es möglich ist, einen Weg einzuschlagen, der vom Paradies nicht wegführt, sondern die eigenen Schritte ein kleines Stückchen mehr dorthin lenken kann. Manchmal werden einem solche Momente geschenkt. Sie sind selten und unverhofft, aber sie bleiben für immer im Gedächtnis.

Ich erinnere mich noch gut an einen der Tage, an dem ich mit Dotty, meiner jüngsten erwachsenen Zwergziege, einen solchen Moment erleben durfte. Zu Dotty habe ich eine besondere Beziehung. Sie ist die Zweitgeborene von Zwillingen, die Alice vor drei Jahren bekommen hat. Da Alice aufgrund einer früheren Euterentzündung nur eine funktionierende Euterhälfte hat – Ziegen haben nur zwei Hälften anstatt der vier Viertel wie die Kühe –, war das für Dotty natürlich ein großes Problem. Die wichtige Biestmilch, die Kolostrum genannte erste Milch mit hoch konzentrierten Nähr- und Abwehrstoffen, hatte sie noch ausreichend bekommen können. Danach musste ich sie von Hand aufziehen. Es war eine intensive Zeit, allerdings mit sehr wenig Schlaf.

Dotty wurde zu einer starken Persönlichkeit, die sehr pfiffig und geschickt in der Herde ihren Platz fand. Im Gegensatz zu Dina, ihrer Zwillingsschwester, die eher ängstlich ist und früher bei Konflikten schnell Mama Alice zu Hilfe herbei brüllte.

Eines Tages kam die Anfrage, ob ich mit einer Zwergziege nicht in den Kindergarten kommen könnte. Für mich war klar, das geht am besten mit Dotty. Eine Freundin war bereit, uns mit dem Auto hinzufahren, und ich sagte zu. Zwergziegen sind wie alle Ziegenrassen sehr neugierig. Aber dass Dotty die Autofahrt mit mir zusammen hinten auf dem Rücksitz so spannend finden würde, hat mich dann doch überrascht. Dina hätte wahrscheinlich einen Herzinfarkt bekommen. Dotty war völlig cool und nur sehr daran interessiert, was sie alles durch die Fenster sehen konnte.

Etwas Sorge hatte ich wegen des Kinderlärms, der normalerweise in einem Kindergarten zu hören ist, vor allem, wenn auch noch ein aufregender Besuch erwartet wird. Als Dotty und ich uns also draußen auf dem Gelände aufgebaut hatten, ich den Führstrick vorsichtshalber sehr kurz hielt, erwarteten wir beide einen Ansturm. Aber die Kinder kamen – sehr brav – langsam und leise und setzten sich uns gegenüber auf die großen Findlinge einer Kletteranlage. Dotty musterte neugierig die Umgebung und die Kinder.

Kontakt zu Menschen, besonders zu kleinen Menschen, hatten meine Zwerge von Anfang an. Nachbarskinder, Erstkommunionkinder oder Freundinnen und Freunde mit ihren

Töchtern und Söhnen stehen immer wieder mal am Gehege oder dürfen mit mir zusammen die Zwergziegen im Stall besuchen. An Kinder war Dotty also durchaus gewöhnt und so fand sie die Situation nur sehr interessant. Nach kurzer Einführung – Was ist das für ein Tier? Wie heißt sie? Wie leben Ziegen und was fressen sie? – durfte jedes Kind zu Dotty kommen und selbst spüren, wie seidig ihr Fell ist und wie hart und spitz ihre Hörner sind. Das Geburtstagskind durfte sich zum Schluss ein Stück Apfel von Dotty ganz behutsam von der Handfläche nehmen lassen.

Gleich zu Beginn war mir ein Kind aufgefallen, das sich etwas ängstlich im Hintergrund der Gruppe aufhielt und nur vorsichtig über die Schultern der anderen zu uns herschaute. Das schmale Gesichtchen und die ganze Körperhaltung signalisierten großes Unbehagen, aber auch Neugier. Als die Erzieherin das Kind aufrief, kam es zögernd, hielt die Arme eng am Körper und ging mit kleinen Schritten auf uns zu. Zuerst berührten nur die Fingerspitzen der rechten Hand Dottys Rücken. Sehr zaghaft und kaum das Fell wahrnehmend, bereit, jederzeit sofort die Hand wieder wegzuziehen.

Plötzlich drehte Dotty den Kopf und schnupperte am Anorak des Kindes. Zurückzucken, Dottys Gesicht sehen und dann den nächsten Versuch wagen – das war die erste Reaktion des Kindes. Dann streichelte es mit der ganzen Hand vorsichtig an der Linie von Dottys Rücken entlang. Es wirkte, als falle die Angst wie ein schwerer Mantel von den kleinen Schultern. Wie versunken fuhr das Kind dann verzückt immer wieder mit beiden Händen durch Dottys Fell. Das schmale Gesichtchen sah plötzlich aus wie ein Sonnenaufgang: Überraschung, Freude, Erleichterung und genießerische Wahrnehmung – die Mimik des Kindes drückte mehr aus, als man sagen kann.

Auf der Rückfahrt wirkte Dotty, als wäre sie hoch zufrieden, und ich stellte mir vor, wie sie am Abend im Stall lag und die Erfahrungen dieses Tages an die Herde weitererzählte.

***

Dass die Begegnungen in den verschiedenen Kindergärten so positiv verlaufen sind, spricht sich herum. Bald darauf bekomme ich einen Anruf, ob ich vielleicht mit Dotty auch in ein Altenheim kommen würde. Nach kurzer Überlegung sage ich zu, und wir vereinbaren vier Termine. Ob Dotty so viele Besuche schaffen wird? In den Kindergärten wurden die Kinder von Erzieherinnen begleitet. Sie waren leicht zu lenken, leicht zu beeinflussen und leicht zu begeistern. Bei alten Menschen mit zum Teil schweren demenziellen Erkrankungen sieht ein Kontakt anders aus. Für Dotty ist das vielleicht nur ein bisschen anstrengender. Aber für die alten Menschen?

Die Seelsorgerin, die für die Seniorenheime hier in der Gegend zuständig ist, und ich überlegen eine Weile sehr genau und versuchen alles in den Blick zu bekommen. Wie lang sollen die Besuche dauern? Kann Dotty auch in die Wohngruppen kommen? Wie sieht das mit der Hygiene aus? Was machen wir, wenn ein Bewohner mit Angst reagiert? Klar ist auch: Sobald Dotty signalisiert, dass es ihr nicht gut geht oder ihr die Kontakte zu viel sind, wird der Besuch sofort abgebrochen.

Dann steht der erste Besuch an. Dotty und ich genießen wieder die Fahrt auf dem Rücksitz, auch wenn Dotty wenig Bewegungsfreiheit hat, da ich sie fest am Führstrick halte. Witzig sind die Gesichter der anderen Autofahrer, wenn sie mich im Auto sehen und erkennen, wen ich dabei habe. Dotty ist völlig cool und nur ab und zu reibt sie einen kurzen, liebevollen Augenblick ihre Nase an meiner Jacke und an meinem Hals.

Dann steigen wir aus und ich lasse Dotty noch einige Minuten auf der großen Rasenfläche laufen. Die Bewohner des ersten Hauses haben sich auf einer überdachten Terrasse eingefunden. Es ist sehr heiß, die Nachmittagssonne knallt regelrecht auf das Dach und eine Betreuerin verteilt kühles Wasser an alle. Auch für Dotty wird ein Napf hingestellt.

Ich beginne zu erzählen: Wie ich zu den Zwergziegen gekommen bin. Was die Tiere für mich bedeuten. Wie mein Tagesablauf ist und wie der Tag sich für die Zwerge gestaltet. Anschließend gehe ich mit Dotty langsam in die Runde von Stuhl zu Stuhl, von Rollstuhl zu Rollstuhl. Wer mag, darf Dotty streicheln. Irgendwie bin ich doch erstaunt, wie gelassen sie das alles mitmacht. Kein Bocken, keine Verweigerung, nur aufmerksames Schauen, Schnüffeln und ein ruhiges Zulassen all der fremden Hände. Viele Gesichter lächeln und zum Schluss kommen wir noch ein wenig ins Gespräch. Einige der Bewohner hatten früher selbst Landwirtschaft und fragten gezielt nach der Haltung und Fütterung meiner Tiere. Nach einem fröhlichen „Tschüss allerseits!" verlassen wir das Haus. Ich bin richtig stolz auf Dotty und spüre auch bei ihr so etwas wie eine große Zufriedenheit.

***

In den nächsten Wochen besuchen wir weitere Seniorenheime. Dotty fährt ohne Probleme Fahrstuhl, steigt Treppen, lernt Wohnräume und Gärten kennen und verschafft vielen alten Menschen einen frohen Nachmittag. Sogar in das Zimmer einer Frau werden wir gebeten, die seit vielen Jahren bettlägerig ist. Sie hat wohl früher auch Tiere gehabt und vermisst diese immer noch. Dotty geht locker durch die langen Flure mit und in das Zimmer hinein. Ich staune immer wieder über ihre Ruhe und ihre Aufmerksamkeit, was die alten Menschen betrifft. Auch hier, im Zimmer der bettlägerigen Bewohnerin, strahlt das Gesicht der Frau auf, als wir hereinkommen und das, obwohl die Bewohnerin Dotty nicht anfassen und streicheln kann. Dotty ist zu klein und das Krankenbett zu hoch.

In einigen der Wohngruppen ist der Anteil an mit Demenz erkrankten Menschen sehr hoch. Die gesundheitlichen

Beeinträchtigungen erschweren ein Gespräch meist enorm; ich erzähle also meist nur kurz und in möglichst einfachen Sätzen. Manchmal müssen Dotty und ich noch etwas warten. Rollstühle und Rollatoren sind keine Sportwagen und alte Leute haben es selten eilig. Menschen mit einer Demenz müssen mit vielen verschiedenen Handicaps zurechtkommen. Orientierungsstörungen, verlangsamte oder anderweitige Einschränkungen der Wahrnehmung lassen die Welt sehr klein und grau werden. Die Erinnerung an die früheren Freuden erscheint wie mit einem umgekehrten Fernglas betrachtet immer kleiner und kleiner zu werden und verschwindet irgendwann vollständig in einem dunklen Loch des Vergessens. Auch sind die körperlichen Schwächen und Behinderungen groß.

Manche Begegnungen sind mir besonders im Gedächtnis geblieben und ich werde sie sicher nie vergessen. An einem Nachmittag zum Beispiel saß in der Runde eine Frau, bei der nicht nur die Kleidung und die Haare den Eindruck erweckten, dieser Mensch würde bald langsam wie in einem Nebel verschwinden. Auch die Gesichtszüge schienen reglos und ohne Ausdruck zu sein.

Meine Begrüßung, die sehr liebevolle Sorge der Betreuerin, die anderen Bewohner in der Runde, nichts rief einen Widerhall auf ihrem Gesicht hervor. Nicht einmal die Augen reagierten auf die Reize der Umgebung. Als ich nach meinem Mini-Vortrag die Runde mache, bleibt Dotty auch bei dieser Frau stehen. Mit Hilfe der Betreuerin fährt die Hand der alten Dame leicht über Dottys Fell. Einmal, zweimal, plötzlich dann tastet sie eigenständig und ohne Hilfe über den Körper der Zwergziege. Und ganz langsam, so als suchten ihre Gesichtszüge nach einer schon lang vergessenen Ausdrucksmöglichkeit, fangen erst die Augen an sich zu beleben, dann löst sich die Erstarrung des Gesichts und ein Lächeln breitet sich aus. Dotty bleibt ganz still stehen, nur ihr Kopf hebt sich etwas und sie schaut die Frau an. Es ist ein Moment intensiven Kontakts, den auch die anderen Bewohner zum Teil mit Erstaunen wahrnehmen.

Auf dem Nachhauseweg sagt die Seelsorgerin, dass die Betreuerin ihr zum Schluss noch erzählt habe, dass diese Bewohnerin schon seit vielen Jahren in dem Haus leben würde. Heute hätte sie sie zum ersten Mal lächeln sehen.

Wie das Ziegen Beobachten die Stresshormone senkt

Der Besuch mit Tieren zählte lange zu den Aktivitäten in Kindergärten und Seniorenheimen, die ein wenig Abwechslung brachten oder einfach eine attraktive Unterhaltung darstellten. Aber seit etwa 15 bis 20 Jahren erleben die sogenannten tiergestützten Interventionen (TGI) eine intensive Entwicklung. Aufgeteilt in die drei Kategorien tiergestützte Therapie (TGT), tiergestützte Pädagogik (TGP) und den weiten Bereich der tiergestützten Aktivitäten und Fördermaßnahmen erleben hier Menschen mit verschiedenen Krankheitsbildern und/oder Defiziten heilende und fördernde Tierbegegnungen in unterschiedlicher Intensität und Auswirkung.

Dabei ist und wirkt ein Tier in einer solchen tiergestützten Intervention nicht als zusätzliches Werkzeug. Das Tier ist Helfer, Partner und Co-Therapeut. Der Kontakt zu Hunden, Eseln, Pferden, Schafen, Ziegen, Kaninchen und Hühnern, Lamas und Alpakas, ja sogar zu Fischen in einem Aquarium spricht den Menschen auf einer tiefen, nicht rationalen Ebene an. Gesunde Tiere begegnen dem Menschen, ohne ihn zu beurteilen. Sie schaffen sehr schnell eine Vertrauensbasis und spiegeln dem menschlichen Gegenüber ungeschminkt wider, was sie spüren und wahrnehmen. Besonders der starke sinnliche Reiz des Körperkontaktes kann positive Effekte auslösen und Heilungsprozesse günstig beeinflussen.

Meist sind in den TGI Hunde verschiedener Rassen zu finden. Sie gehören zu den Tierarten, mit denen am häufigsten gearbeitet wird. Aber nach und nach entdeckte man auch die Möglichkeiten, die andere Tierarten bieten. Die Autorinnen eines Praxisbuches für tiergestützte Interventionen zum Beispiel zeigen in ihrem Buch, dass auch mit den sogenannten Nutztieren Menschen geholfen werden kann: jung und alt, mit kleinerem Handicap bis hin zu schweren Mehrfachbehinderungen. Sie schreiben: „Herzstück jeder tiergestützten Arbeit sind die Tiere. Da wir einen Bauernhof haben, stehen bei uns die klassischen Bauernhoftiere im Mittelpunkt. Das sind Schwein, Kuh, Schaf, Ziege und Huhn. Während andere Tierarten wie Pferd, Hund, Katze und Kaninchen schon vielfach im sozialen Einsatz sind und es darüber auch sehr viel Literatur gibt, werden die typischen Bauernhoftiere häufig in ihren Fähigkeiten und in ihrem Potenzial für die tiergestützte Arbeit verkannt. Jede Bauernhoftierart hat ihre besonderen sozialen Stärken und natürlich auch Ansprüche an die artgerechte Haltung."[16]

Aber auch Zootiere sind als Helfer und Co-Therapeuten willkommen, sofern ihre Haltung so weit wie möglich dem natürlichen Lebensraum nahekommt. Eine Studie, die 2013 gestartet wurde und für die drei Jahre lang die Auswirkungen von Zoobesuchen auf Patienten mit Depression untersucht wurden, brachte erstaunliche Resultate. Blutuntersuchungen von Menschen mit Depression zeigten: Nach dem Besuch im Serengeti-Park Hodenhagen und dem Kontakt mit Giraffen, Ziegen und Katta-Äffchen war nachweislich das Stresshormon Adrenalin gesenkt. Der Gehalt des Hormons Oxytocin erhöht.[17]

Oxytocin gilt als „Kuschelhormon". Es ist ein körpereigenes Hormon und wird in der Hirnanhangdrüse des Menschen und vieler Säugetiere produziert. Früher galt seine Wirkung als beschränkt auf den Geburtsprozess und die Zeit des Stillens. Heute wissen Mediziner, Verhaltensforscher und Neurobiologen, dass es starke Wechselwirkungen gibt im breiten Wirkungsspektrum dieses Hormons, die den gesamten wichtigen Bereich des Vertrauens und der Bindung betreffen – Wechselwirkungen, die nicht nur beim Menschen auftreten, sondern ebenso bei den Tieren und beim Kontakt von Mensch zu Tier.

Man könnte es auch etwas vereinfacht ausdrücken: Der Kontakt zu Tieren hebt die Stimmung, stärkt die Widerstandskraft und hilft Menschen, Vertrauen leichter aufzubauen. Das aber wiederum fördert die sogenannte Lebensgestaltungskompetenz, kann dazu beitragen, endlich Konflikte besser zu bewältigen und Ängste langsam und vorsichtig abzubauen. Gerade bei Kindern und Jugendlichen ist das Angebot einer tiergestützten Intervention, in welcher Form auch immer, ein sanfter Weg zu mehr Eigenverantwortlichkeit und somit eine Hilfe zu einem gelingenden Leben.

***

Wenn ich an die verschiedenen Stunden in den Kindergärten und Altenheimen denke und an die beeindruckenden Begegnungen dabei, dann fallen mir auch einige Situationen von früher ein, aus der Zeit, in der ich beruflich mit Kindern gearbeitet habe. Die Verwandlung eines kleinen Mädchens zum Beispiel, das im Kinderheim verschüchtert und gehemmt war und selten ein Wort sprach. Meist war sie fast stumm, selbst im Spiel mit anderen Kindern. Sie kam eines Tages mit zu den regelmäßigen Ausflügen auf einen Reiterhof in der Nähe.

Als sie zum ersten Mal ohne Sattel auf dem gemütlichen Wallach saß und im langsamen, ruhigen Schritt die Runden an der Longe drehte, machte sie große Augen. Für dieses Mädchen, ein kleines und zartes Kind, war es ein eindrucksvolles Erlebnis: Dieses große Pferd hörte auf ihre leisen Kommandos und trug sie sicher und geduldig durch die Reithalle. Etwas später auf dem Rückweg im Auto redete sie wie ein Wasserfall.

Ähnliche Erfahrungen durfte ich in der Klause in den vergangenen Jahren machen, seit meine Zwergziegen mit mir hier leben. Einsiedlerinnen und Einsiedler leben zwar zurückgezogen, aber nicht isoliert. Sie reduzieren ihre Kontakte, um der Gottesbeziehung den ersten Platz auf ihrer persönlichen

Prioritätenliste zu geben. Aber die Liebe zu Gott geht nicht ohne die Liebe zum Nächsten, zu den Mitmenschen. So sind die Eremiten aller Jahrhunderte immer auch Ansprechpartner gewesen für Menschen, die Kummer hatten, Trost suchten oder einen Rat brauchten.

Auch zu mir kamen und kommen Menschen, die das geistliche Gespräch suchen. Manchmal sind es Fragen zum Glauben oder Fragen zu einer Bibelstelle, manchmal geht es um vertrauliche Dinge in ihrem persönlichen Leben. Nicht immer lassen sich die Fragen und Probleme einfach beantworten oder lösen. Wenn ein Mensch schweren Kummer hat, sehr bedrängende Ängste oder eine bedrückende Situation aus seiner Vergangenheit nicht bewältigen kann, dann ist ein Gespräch manchmal nur schwer in Gang zu bringen. Schweigen, Weinen, aufsteigende Ängste oder Schuldgefühle lassen den Menschen nicht zu Wort kommen. In manchen Situationen hilft auch kein Gebet und sogar das schlichte Sitzen in meiner Kapelle ist nicht mehr hilfreich.

Dann setze ich mich mit meinem Besuch an die Ziegenweide oder hole eine meiner kleinen Ziegen an den Zaun. Einfach zuschauen, vielleicht auch mal das Tier streicheln, aber nicht an die bedrückende Situation oder die Ängste denken, einfach nur versuchen, da zu sein im Blick auf die Tiere, das ist in solchen Situationen enorm hilfreich. Es ist für mich jedes Mal wieder erstaunlich, wie entspannend und lösend so ein „Schnitt", so eine deutliche Pause mit Ausblick auf die Weide ist. Die Zwergziegen dösen vielleicht gerade in der Sonne, die Muttertiere und ihr Nachwuchs liegen schmusend zusammen oder kabbeln ein bisschen. Vielleicht toben auch alle wie wild über die Weide und zaubern mit ihren verrückten Sprüngen ein Lächeln auf das Gesicht meines Gastes.

Ähnliche Auswirkungen darf ich beobachten, wenn sich von Zeit zu Zeit Menschen für ein paar Tage in meine Gästeklause zurückziehen. Solche Tage sind eine Möglichkeit für intensive Stille und Reflexion. Ich gebe die Erlaubnis, dort zu sein, allerdings nur einem Menschen, den ich gut kenne. Die Stille und die Reduzierung der Kontakte haben mehr Wucht, als die meisten Menschen sich vorstellen können. Also schaue ich sehr genau hin, wer in meiner Gästehütte übernachten darf.

Der Blick aus dem kleinen Fenster der sehr spartanischen Holzhütte fällt auch auf den Laufhof der Zwergziegen. Einige Gäste erzählten, dass sie sich richtig beobachtet fühlten, wenn sie am Fenster saßen oder auf der Bank vor der Hütte. Es ist so etwas wie eine gegenseitige Beobachtung, und das beeinflusst positiver, als man sich das vorstellen kann, zumindest gilt das für meine Gäste. Und sie haben ja Zeit, nichts drängt, die berufliche Arbeit hat Pause, das schafft einen wohltuend anderen Blick. Vielen fällt dann das eine oder andere an den Zwergen auf: ihre Zärtlichkeiten, ihre Kämpfe, die Futtersuche oder der Spieltrieb. Und nicht selten werden dann plötzlich Parallelen deutlich, die gerade jetzt diesem Menschen einen Hinweis geben auf die eigenen Baustellen, die zu bearbeiten wären.

Manchmal ist das wirklich verblüffend. Wenn Locke mit seinen Söhnen spielt, sie zum Kämpfen anleitet, sie aber auch spielerisch am Kopf knabbert oder mit seinen weichen Lippen ihr Fell schubbert oder ärgerlich ihrem Übermut mit einem kräftigen Schubs Einhalt gebietet – erinnert das nicht selten an Begegnungen oder schwierige Situationen mit dem eigenen Vater. Das hartnäckige Quengeln von Negrito nach seiner Mutter Alice, die sich eine Pause gönnt von ihrem heute so nörgeligen Söhnchen, lässt eine Erinnerung deutlich werden an eine Situation in der eigenen Kindheit. Genauso wie die sorgende Zuwendung von Dotty für ihren Sohn Chaim, die vielleicht den Schmerz über fehlende elterliche Liebe endlich bewusst werden lassen kann.

Was aber bewusst geworden ist, kann angeschaut werden. Was angeschaut werden kann, sieht man heute vielleicht aus einem anderen Blickwinkel als zu dem Zeitpunkt, wo es geschehen ist. Die Distanz und die „Ziegenbeispiele" können den Blick öffnen und die Wahrnehmung fördern für eine mögliche Verarbeitung. In der Klause wird keine Therapie angeboten. Aber mithilfe meiner Zwerge können Menschen den Mut bekommen, ihr Leben neu zu gestalten, alte Wunden heilen zu lassen und mit mehr Zuversicht als bisher in die Zukunft zu schauen.

***

Die Brille, durch die ich die Welt, mich selbst und die Tiere betrachte, ist im Laufe der letzten Jahre deutlich klarer worden, oder besser: Sie hat an Tiefenschärfe gewonnen. Meine Tiere haben einen Prozess angestoßen, den ich zu Anfang vielleicht mit „Zunahme an Erkenntnis" benannt hätte. Aber das wäre zu wenig und zu ungenau formuliert.

Ein Gast, besser: eine „Gästin", umschrieb diesen Prozess im Gespräch mit einem Begriff, der wesentlich besser passt, weil er mehr und Wesentlicheres ausdrückt: *Wandlung*. Ein Terminus, ein Schlüsselwort, ein viel umfassenderer Begriff, hinter dem Wichtigeres sichtbar wird als nur eine Meinungsänderung oder die Hinzunahme von Wissen zu einigen Ansichten, die hinterher trotzdem gleich bleiben. Wandlung, das Wort beinhaltet *wenden, verwandeln* und *Verwandlung*. Es umschreibt keinen statischen Zustand, sondern einen dynamischen, vorwärtsstrebenden Ablauf auf mehreren Ebenen. Ein Prozess, der aber deshalb nicht unbedingt ausschließlich linear, also nur vorwärts in einer Richtung, verläuft. Es ist ähnlich wie bei einem komplexen Gebilde: Ändert sich darin ein Bestandteil, verändert sich damit das gesamte Gebilde, sodass im Anschluss nicht nur etwas Verändertes, sondern etwas ganz Neues entstanden sein kann.

Wandlung bedeutet: Auch wenn nur ein einziges Teil eines Ganzen sich verändert, bewirkt dies, dass sich das Ganze wandelt, weil die Veränderung des einen Teils die Wechselbeziehungen zwischen allen Teilen, das Zusammenspiel, die Interaktion sich verändert hat und somit das Ganze.

Entfremdung und Nähe

Das Leben als Einsiedlerin ist ein geistliches Leben. Dazu gehört die ständige Bereitschaft zur Reflexion, zu einem Nachdenken über sich selbst und der Überprüfung des persönlichen Weges. Betrachte ich meine momentane Situation und Verfassung zusammen mit der inneren Motivation, der inneren Haltung, so werden so nicht nur Schwächen oder sogar Schwierigkeiten sichtbar. Dieses Sich-selbst-Anschauen im Bewusstsein, von Gott angenommen und geliebt zu werden, lässt Barmherzigkeit und Hilfsbereitschaft wachsen: sich selbst, aber auch dem Mitmenschen, dem Nächsten gegenüber. Denn wenn ich vom Herzen her begriffen habe, dass Gott mir kleinem Menschen seine Zuneigung vom Anfang meines Lebens an geschenkt hat, ich sie nicht erst erhalte, wenn ich fehlerlos und perfekt bin, dann begreife ich auch, das gilt nicht nur für mich, sondern für alle Menschen. Mein Leben ist ein geistliches Leben, das nach und nach zu einem tiefen Vertrauen in Gottes Heilshandeln für die ganze Welt führte – auch und gerade, wenn schwierige Zeiten diese innere Haltung als unmöglich erscheinen lassen.

Irgendwann in einer der Stunden, in denen ich in meiner Kapelle saß und mein Leben, vor allem den Weg der letzten Monate, geistlich zu reflektieren versuchte, wurde mir klar: Meine Beziehung zu den Tieren, vor allem zu meinen Tieren, hatte sich irgendwie verändert. Meine Sicht auf Tiere hatte sich gewandelt. Aber wodurch? Und vor allem: Was war denn jetzt anders?

Liebe zu Tieren, die Freude an der Begegnung mit ihnen, an der Beobachtung, am Kontakt mit ihnen ist von Kindheit an für mich immer groß gewesen. Ob unser Hund Vox, die Goldhamster und Wellensittiche, die verschiedenen Pferde in den späteren Jahren oder die Wasserbüffel und Schlangen im Dschungel: Ich empfand Freude an ihrer Gegenwart, an ihrer Beobachtung und am Zusammensein mit ihnen. Aber die Beziehung zu all diesen Tieren war distanziert, aus einer anderen Perspektive.

Mit den Zwergziegen begann etwas anderes, etwas Neues in diese Beziehung einzusickern. *Einsickern!* – ich benutze dieses Wort ganz bewusst deshalb, weil es am Anfang so unmerklich war. Wie Regen auf trockenes Land fällt, wie Sonnenstrahlen gefrorenen Boden langsam auftauen oder wie das Licht im Frühling die Vögel zu ihren Paarungsliedern animiert – so keimte allmählich in mir etwas auf, das eben nicht zuerst rational initiiert wurde. Unmerklich zunächst, dann verstärkt und immer deutlicher durch die verschiedenen Erlebnisse mit meinen Ziegen: Die Panik von Frieda beim Umzug zu mir. Die überraschende Geburt von Schwarzes Mädchen. Das kleine tote Böckchen von Alice und ihre Herz zerreißende Trauer. Jedes streichelnde Wahrnehmen ihres Fells, jede Berührung der weichen Lippen, wenn sie von meiner Hand Apfelstückchen oder gewürfelte Möhren nehmen. Der Blickkontakt zwischen unseren

Augen in unfassbarer Intimität. Ihre verblüffende Verständigung untereinander und mit mir und das faszinierende soziale Verhalten in der Herde. Dottys feine Wahrnehmung der Menschen mit ihren Problemen, mit Traurigkeit und Angst. Das alles öffnete in mir Kanäle – zunächst für eine größere Sensibilität.

Dazu kam fast gleichzeitig immer mehr und immer interessantere Literatur. Autorinnen und Autoren, die mit ganz unterschiedlichem Hintergrund und Blickwinkel über das Thema Mensch-Tier-Beziehung und Tierethik schrieben. Besonders in meiner Erinnerung sind natürlich die Erzählungen hängen geblieben, die von Einsiedlern und ihren Ziegen berichteten. Die Eremiten zum Beispiel, die in früheren Jahrhunderten zur Mutterklause von Frauenbründl gehörten und von denen ich durch Zufall einmal Fotos bekam. Sie zeigen die Brüder mit ihren Ziegen draußen vor der großen Klause auf der Weide. Oder der außerordentlich spannende und lange Bericht über die Familie Lykow in der russischen Taiga. Diese Einsiedlerfamilie wurde 1978 durch Zufall von einem Geologenteam entdeckt. Karp Ossipowitsch Lykow und seine beiden Töchter Natalja und Agafja gehörten zu einer streng gläubigen orthodoxen Gruppe, die nach den einschneidenden kirchlichen Reformen von Zar Peter dem Großen (1672–1725) verfolgt wurden und in die menschenleeren Gebiete Sibiriens flohen. Die Lykows waren mehr oder weniger von den Tausenden der Raskolnikis, der Altgläubigen, übrig geblieben und hatten sich, ohne ihr Glaubensleben zu verändern, jahrzehntelang durchgeschlagen. Sie bekamen zunächst durch die Geologen Hilfe zum Überleben. Später gab es Menschen, die durch die Zeitungsberichte aufmerksam geworden waren und zum Überleben der Familie beitrugen. Darunter waren auch Helfer, die 1984 den Ziegenbock Stepka und die junge trächtige Ziege Muska zu ihnen in die Taiga brachten.[18]

Viele und sehr verschiedene Impulse und Gedanken sind über die Jahre zusammengeflossen, Mosaiksteinchen eben, die nach und nach ein neues Bild aufbauten. Ein Bild vom Wesen der Tiere, vom Wesen meiner Tiere.

Ich habe oft im Scherz gesagt, Frieda sei die Chefin der Herde, aber ich sei die Oberziege. Was witzig gemeint war, wurde im Nachhinein ein weiterer Anstoß. Eines Tages, auf dem täglichen Sommerspaziergang mit der ganzen Herde, stellte sich mir die entscheidende Frage: Was unterscheidet mich eigentlich von meinen Zwergziegen? Ist die Nähe, die ich wahrnehme, nur Sentimentalität? Ich empfinde ja nicht nur Freude daran, sie zu halten. Es ist auf jeden Fall schön, mit ihnen zu leben, aber es ist auch mehr als das. Ich lebe mit ihnen in einer Art großer Vertrautheit, einer Verbundenheit, die ich als beglückend, inspirierend und tröstlich spüre. Aber ist das alles? Hat Richard David Precht recht, wenn er schreibt: „Was ist die Grundlage dieser steigenden Sensibilität? Vermutlich ist es ein ganzer Quell an Motiven. Die Entfremdung von der Natur lässt Tiere zärtlicher sehen, als wenn man sich gegen sie behaupten muss. Unser Gefühl der

Nähe steigt also in dem Maße, wie wir den Tieren fern geworden sind. Die ökologische Bedrohung des Planeten durch menschlichen Raubbau lässt Tiere als Opfer erscheinen und nicht als Täter. Zugleich weckt sie den Sinn für die biologische Verwandtschaft, denn unser aller Leben und Überleben ist bedroht. Solchermaßen zusammengerückt auf der Arche, wollen immer mehr Menschen, dass Tieren nichts Ungerechtes angetan wird. Unser Gefühl für das, was ein gerechter Umgang mit Tieren ist, verändert sich schon seit längerer Zeit zugunsten der Tiere."[19]

Ist es also sozusagen ein kultureller Fortschritt oder ein Rückgriff auf anscheinend verlorene Kulturgüter, wenn wir das Leben der Tiere und das Leben mit Tieren neu als kostbar ansehen? Wenn Precht von der Entfremdung spricht, die den modernen Menschen von der Natur, von der Tierwelt entfernt hat, ist das sicher eine klare und nicht zu leugnende Einschätzung. Ich kenne auch Kinder, für die die Milch von lila Kühen stammt, um mal den schon älteren und nicht besonders guten Witz zu bemühen.

Für mich aber sieht der Kontakt zur Schöpfung anders aus. Leben als Eremitin bedeutet nicht nur, so sparsam und einfach wie möglich zu leben. Innerster Kern dieser Berufung ist es, sich Gott und der von ihm ins Dasein gerufenen und im Dasein erhaltenen Schöpfung auszusetzen. Nicht nur beim Beobachten von Rehlein und Blaumeise, nicht nur während einer guten und stimmigen Meditation. Sondern täglich, stündlich, in jeder Lebenslage, in allen Situationen.

Es bedeutet auch immer wieder, den materiellen Mangel und den damit verbundenen Suchprozess nach dem, was das Leben wirklich erfüllt, als sinnvoll und Impuls gebend zu begreifen. Diese Suche ohne Unterlass zuzulassen und dabei beständig und bejahend zu erkennen: Dieser Gott, den ich anbete und liebe, der alles erschaffen hat, dem mein Leben gehört, er ist im Letzten ein Geheimnis. Aber ein Geheimnis, dessen unwiderstehlicher Anziehungskraft ich gewahr werde, wenn ich bei der Geburt eines Zickleins helfe oder mit Alice um ihr tot geborenes Babykitz trauere. Dem ich nachspüren darf, wenn ich mit Menschen an der Ziegenwiese sitze und sie mit Blick auf das friedliche Spielen von Locke mit seinen Söhnen plötzlich erzählen können, was ihnen schwer auf der Seele liegt.

Es wird mir bewusst, wenn ich nach dem Einkauf mit dem Fahrrad im strömenden Regen zur Klause zurückkehre, nach dem Anheizen das Feuer im Ofen prasselt und ich warm werde. Es ist nicht in erster Linie das wohlige Gefühl, was in mir eine Ebene anspricht, die woanders verortet ist als diese Wahrnehmung, als dieser Genuss der Ofenwärme. In solchen Momenten wird etwas in mir angesprochen, das tiefer liegt als Gefühl und Stimmung. Es ist auch mehr und anderes als das verstandesmäßige Erkennen einer Sachlage. Es berührt das zentrale Thema des Homo sapiens: Was bedeutet es, Mensch zu sein?

Gerade heute, wo schmerzhaft sichtbar wird, wie angefochten, wie unheil wir sind; wie zerstörerisch unsere Lebensweise sich auswirkt auf uns selbst, auf die Menschheitsfamilie und auf das Leben auf diesem ganzen Planeten. Der Blick auf die Tiere, mit denen wir Menschen leben, die wir halten, die wir benutzen und verbrauchen, weist hin auf eine Einstellung, die diese Frage neu stellen lässt.

Kapitel 5:
Spiegelfechten oder das Verschieben einer Grenze

Die Meinungen darüber, was der Mensch sei, gehen in den verschiedenen Wissenssparten weit auseinander. Philosophie und Physik, Wirtschaftswissenschaft und Theologie, sie alle haben alle sehr unterschiedliche Antworten darauf. Bis in einzelne Gruppen und Grüppchen gehen die Meinungen auseinander; manchmal unterscheidet sich die Antwort darauf sogar von einem Menschen zum anderen völlig. Es ist eine der zentralsten Fragen der Menschheitsfamilie, vielleicht die zentrale Frage überhaupt: Wer oder was sind wir?

Die Online-Enzyklopädie Wikipedia beschreibt das Mensch-Sein wissenschaftlich, doch diese Definition kann man, glaube ich, nicht ohne Humor lesen, auch wenn die Einordnung in das biologische System, aufgestellt 1758 von Carl von Linné, sinnvoll und logisch ist. „Der Mensch, (*Homo sapiens* […]), ist nach der biologischen Systematik ein höheres Säugetier aus der Ordnung der Primaten. Er gehört zur

Unterordnung der Trockennasenprimaten und dort zur Familie der Menschenaffen."[20] Die Definition auf Wikipedia scheint klar und sachlich zu sein, die meisten Menschen dürften ihr heute zustimmen.

Als Carl von Linné seine biologische Systematik im 18. Jahrhundert veröffentlichte, hat es sicher heftige Gegenstimmen gegeben. Jahrhunderte lang wurde dem Menschen die absolute Überlegenheit über das Tier zugesprochen. Ähnlichkeiten oder Gemeinsamkeiten wurden allenfalls in Karikaturen oder Fabeln, Märchen und Spottgedichten angemerkt. Sozialisation, Empathie oder sogar eine Form von Kultur wurden den Tieren abgesprochen. Das änderte sich, als Biologen und die ersten Verhaltensforscher genauer hinschauten. Heute ist der Erkenntnisstand enorm gewachsen. „Neben der evolutionsbiologischen und genetischen Nähe des Menschen zu den Tieren sind es in besonderer Weise auch die erstaunlichen Fähigkeiten von Tieren auf der emotionalen und kognitiven Ebene, die die Verhaltensbiologie aufzeigen konnte und die die Frage nach der Tier-Mensch-Differenz neu aufwerfen. Interessanterweise sind es besonders Tiere, die in sozialen Verbänden leben – und dazu gehört biologisch auch der Mensch – die zu besonders emotionalen und kognitiven Leistungen fähig sind."[21]

***

Wenn wir Tiere und ihr Verhalten betrachten, haben wir normalerweise die Brille unseres Erkenntnisstandes auf. Wir definieren das, was wir sehen, nach diesem Erkenntnisstand. Aber der ist keine feste Größe! Persönlicher Hintergrund, Bildung und Herkunft, altersgemäßes Einschätzungsvermögen und das momentane Gefühl unserer tagesabhängigen und situationsbezogenen Stimmung begrenzen oder erweitern diesen Erkenntnisstand ständig. Das ist normal, es gehört zu unserem Koordinatensystem, mit dem wir uns in der Welt zurechtfinden. Sozialisation, also die erworbene Fähigkeit, sich in die Gemeinschaft nach meinem individuellen Kenntnisstand einzufügen und in ihr gemeinschaftsfördernd zu wirken, basiert auf diesem Koordinatensystem und steht in einer Wechselbeziehung damit. Erkenntnis aber ist kein statischer Zustand. In dem Sinne: Einmal gelernt, ist dieses Wissen für alle Zeiten gleichbleibend wichtig und nützlich. Erkenntnis ist im Gegenteil ein höchst dynamischer Prozess.

Das Leben mit meinen Zwergen gab meinem persönlichen Prozess dieser dynamischen Erkenntniserweiterung einen gewaltigen Schubs! Zunächst in meinem geistlichen Leben wie es schon durch die Meditation der Schöpfung in all den Jahren vor der Ankunft von Frieda und Alice gewesen ist. Wichtige Impulse, entscheidende Anstöße und tiefe geistliche Freude verdanke ich dem Wahrnehmen, Nachspüren und Meditieren von Sonne, Wasser und Wind, von Gras und Baum, den Blumen und den verschiedenen Kräutern. Es ist erstaunlich, was einem Schnittlauch und Thymian an einem heißen, von würzigem Duft erfüllten Nachmittag alles sagen können. Und dazu gehörten natürlich all die Tiere, die ich beobachten und bewundern durfte. Sie boten mir immer wieder Anlass, mein geistliches Leben zu vertiefen.

Mit den Ziegen aber begann etwas entscheidend Neues. Ein intensiver Prozess, der aber sehr langsam und unmerklich begann. Zuerst irritierten mich vor allem die Diskrepanzen zwischen dem Erleben meiner Herde und den Äußerungen anderer Menschen im Gespräch oder in Büchern und Artikeln. Wobei, „blöde Ziege", „geiler Bock" oder ähnliche Bezeichnungen hätte ich auch vorher schon als dümmliche Schimpfwörter abgetan. Heute allerdings – wenn mich heute jemand eine Ziege nennt oder mich zickig findet, sehe ich das als Kompliment an.

Auf der Suche nach allem, was ich über Ziegen in Erfahrung bringen konnte, stieß ich aber auch auf Sätze wie diese: „Ein schönes Tier ist die Ziege nicht, und ihr grelles und schepperndes Meckern trägt nicht zur Wertschätzung bei. […] Die Ziege ist ein Haustier und zwar ein sehr nützliches. […] Als Symbol des Göttlichen wird der Ziege vor allem nachgesagt, sie sei aufmerksam und lausche genau auf das, was um sie herum geschieht. Deshalb gilt sie als Sinnbild für die hörende und erkennende Kreatur, so schon bei den Kirchenvätern. Ansonsten spielt sie in der christlichen Symbolik keine bedeutende Rolle. Dass sie durch ihre Hufe achtlos Körner in den Boden stampft wie das Schwein, das wird an der Ziege als Zeichen des Bösen gedeutet."[22]

Die Ziege spielt in der christlichen Symbolik keine Rolle? Auf der Suche danach wurde ich allerdings eines anderen belehrt. In vielen Kulturen und Religionen spielten und spielen Ziegen eine große Rolle. Vor allem der Ziegenbock wurde in nichtbiblischen Legenden, Märchen und Mythen, aber auch in der christlichen Bildersprache und Symbolik dargestellt und meist sehr ambivalent beurteilt. *Capriden*, die Ziegenartigen, waren einerseits Symbol für aggressive Stärke und Überlebenswillen, andererseits ein Bild für große Fruchtbarkeit. Im Zeitraum des antiken ausgedehnten Reiches der Perser, das mit Unterbrechungen vom 5. Jahrhundert vor Christus bis zum 7. Jahrhundert nach Christus dauerte, waren sie sehr präsent. Sie galten als Repräsentanten der weiblichen Gottheiten.

Auch im Alten Testament war vor allem der Ziegenbock ein Bild für Macht und Stärke. „Der Leitbock, der beim Öffnen des Gatters als Erster hinausdrängt, dient hier als Bild für schnelles und vorbildliches Handeln. Sprichwörter 30,31 (Sprüche 30,31) vergleicht den König mit einem Ziegenbock, einem Leitbock."[23] Womit wahrscheinlich kräftige und zur Zucht geeignete, besonders wertvolle Tiere gemeint waren. Heute allerdings ist nachgewiesen, dass alle Ziegenrassen als soziale Hierarchieform das Matriarchat haben. Das bedeutet: Die Leitziege ist die entscheidende Führungspersönlichkeit. Böcke sind in der Natur fast nur während der Deckzeit bei der Herde.

Andere Töne und Bilder sind im Buch des Propheten Ezechiel (Hesekiel) zu finden. Hier wird ein Hirte angekündigt, der sich der zerstreuten und verirrten Tiere annehmen wird. Er schafft Recht zwischen Schafen, Widdern und Böcken. Als Bild für die egoistische und degenerierte Führungsschicht im Land, auf die der Prophet hier anspielt, stehen die (Schaf-)Widder und (Ziegen-)Böcke, die den Schafen, also dem Volk, nur verdorbenes Futter und Wasser übrig lassen.

> *Ihr Widder und ihr Böcke, ist es euch zu wenig, dass ihr auf der besten Weide weidet und euer übriges Weideland mit euren Füßen zertrampelt? Dass ihr das klare Wasser trinkt und den Rest des Wassers mit euren Füßen verschmutzt? Meine Schafe müssen abweiden, was eure Füße zertrampelt haben und trinken, was eure Füße verschmutzt haben.*
> (Ezechiel/Hesekiel 34,17b-19)

An das negative Bild, bei dem der Ziegenbock für einen Menschen oder eine Volksgruppe steht, der oder die nicht nach Gottes Geboten lebt, erinnert auch die Schriftstelle vom Weltgericht im Matthäusevangelium. Gott wird am Ende der Zeiten die Schafe von den Böcken scheiden, so schreibt es der Evangelist. Wobei die Schafe für diejenigen stehen, die sich in Liebe um andere kümmerten, die Böcke für die Menschen, die ausschließlich ihre eigenen Interessen verfolgt haben (vgl. Matthäus 25,31 f.). Im Hohelied dagegen dienen Ziegen und ihre schwarzen, weichen Fellhaare als bewundernder Vergleich für die Haare der Geliebten (vgl. Hohelied 4,1 und 6,5). Am bekanntesten aber sind Ziegen und ihre Jungen als Opfertiere, wie es vielfältige Schriftstellen des Alten und Neuen Testamentes bezeugen.[24]

Irgendwann aber geriet die positive Symbolik der Ziegen und Ziegenböcke vollends in den Hintergrund und übrig blieb nicht viel mehr als der Bock als negativ besetztes Sinnbild, als Verkörperung des Bösen. Die Bilder und Beschreibungen böser Geister, von sogenannten Bocksdämonen, die zum Teil schon früher mit dem Ziegenbock in Verbindung gebracht wurden, gewannen die Oberhand, zumindest im europäischen Raum. Der Böse wurde dargestellt mit Hörnern, Klauen, langem Schwanz und Ziegenbärtchen.

Bis heute sind diese Vorstellungen zu finden. Überlieferte Fastnachtsmasken zum Beispiel oder die Zeichnungen, die das Geschehen des Hexensabbats auf dem Blocksberg in der Walpurgisnacht darstellen (vom 30. April auf den 1. Mai), zeigen den Teufel als schwarzen Ziegenbock. Er soll das Alter Ego des Bösen sein. Christlicher Glaube und gesellschaftliche Vorstellungen waren in früheren Jahrhunderten nicht zu trennen, und der Ziegenbock wurde allmählich in der christlichen Religion das Symbol des Unglaubens und des Lasters.

Ein markantes Beispiel dafür ist das Radbild des Einsiedlers Nikolaus von der Flüe in der Schweiz (1417–1487). Um 1487 gemalt fächert das tief religiöse Meditationsbild den Raum christlichen Glaubens in sieben runde und vier quadratische kleine Bilder auf. Eines dieser Rundbilder zeigt Christus als Weltenrichter, dem von zwei Engeln ein armer Sünder vorgeführt wird. Unterhalb der Christusdarstellung ist ein weißer Hase gezeichnet; unterhalb des Sünders ein schwarzer Ziegenbock. Der Hase ist ein altes christliches Sinnbild der Reinheit, der Unschuld und des Lichtes. In Jagddarstellungen symbolisierte der Hase die menschliche Seele, die vom Jäger, dem Bild für das Böse, verfolgt wird, ihn aber überwältigen und für immer fesseln kann. Der schwarze Ziegenbock galt als Sinnbild für das Laster und die Sünde, vor allem für die *Luxuria*, die Verschwendungs- und Vergnügungssucht.[25]

***

Wenn ich Locke beobachte, meinen schwarzen Ziegenbock, wie sein langes Fell in der Sonne glänzt und schimmert und wie lebensfroh und temperamentvoll er von der hinteren Weide zum Stall sprintet, gefolgt von seinen ebenso schwarzen wie temperamentvollen Söhnen – da ist für mich nur Kraft, Lebensfreude und Schönheit zu erkennen. Nichts Teuflisches und nichts Böses. Und es ist für mich heute, im 21. Jahrhundert, schwer verständlich, wie ein so schönes Geschöpf so missverstanden werden kann.

Auf der Suche nach weiteren Aussagen über meine Zwerge staunte ich manchmal nicht wenig. Ziegen kamen meist schlecht weg in Literatur und Malerei. Unser eingedeutschtes französisches Wort *kapriziös* zum Beispiel, was den nicht einfachen und meist anstrengenden Charakter einer Frau bezeichnen soll, stammt von der lateinischen Bezeichnung der

Ziegen: *Caprine*, Ziegenartige, ab. Aber sind Ziegen kapriziös, haben also einen schwierigen Charakter?

Der „sture Bock" und die „bockige Ziege" finden sich auch in der Fabel von den zwei Ziegen, die Jean de La Fontaine um 1668 verfasste und die Albert Ludwig Grimm in seiner gleichlautenden Fabel zu Beginn des 19. Jahrhunderts nacherzählte. Kurz zusammengefasst: Die Geschichte handelt von zwei Ziegen, die gleichzeitig von beiden Seiten aus eine Brücke überqueren wollen. In der Mitte treffen die Tiere aufeinander, keine will nachgeben und bei den nachfolgenden Kämpfen stürzen beide in den Fluss. Kein nachahmenswertes Verhalten! Aber sind Ziegen so? Meine jedenfalls nicht. Wenn bei mir zwei Ziegen sich wirklich derart bekämpfen würden, ginge Frieda sofort dazwischen und der Kampf wäre beendet. Das ist auch eine logische Konsequenz, denn zwischen den Tieren meiner Herde ist anscheinend so etwas wie Sozialisation geglückt.

Sozialisation – Bewusstsein – Kultur

Tieren haben wir Menschen schnell ein Etikett angehängt. Marc Bekoff, emeritierter Professor für Ethologie (Verhaltensbiologie) und Evolutionäre Biologie an der University of Colorado Universität in Boulder, USA, nennt diese Etiketten falsch und stereotype Aussagen über Tiere, die es zu verändern gilt. In seinem Buch „Sind Tiere die besseren Menschen?", verfasst mit Jessica Pierce, schreibt er: „Die Verneinung dessen, wozu Tiere wirklich in der Lage sind, ist bequem, und so werden falsche und stereotype Vorstellungen über kognitive und emotionale Fähigkeiten von Tieren beibehalten. Dabei brauchen wir dringend einen wirklichen Paradigmenwechsel: die Faulheit, seine Meinung und seine Gewohnheiten zu ändern, hat einen starken Einfluss darauf, wie heute Wissenschaft und Philosophie betrieben werden und wie Tiere verstanden und behandelt werden."[26]

Wenn Marc Bekoff mahnt, dass wir in der Regel Tieren Fähigkeiten absprechen, kann ich das aus Gesprächen mit anderen Menschen nur bestätigen. Es ist leicht zu sagen, soziale

Fähigkeiten wie Sozialisation und Kultur kommen bei Tieren nicht vor. Im Blick auf meine Zwergziegen komme ich da aber heftig ins Grübeln.

Sozialisation bedeutet: Innerhalb einer Gruppe oder Gesellschaft laufen Prozesse ab, durch die sich die Mitglieder, besonders die neu hinzukommenden, die Verhaltensregeln dieser Gruppe aneignen und so mithelfen, in der Gruppe und mit den anderen Mitgliedern gemeinsam verträglich zu leben. Durch das Leben mit allen werden Symbole, Laute, Gesten und ihre Bedeutungen gelernt und angewendet. Das führt zur Ausbildung einer persönlichen Identität und zu einer stabilen und positiven Gruppendynamik. Mit der Frage nach solchen Prozessen im Hinterkopf habe ich irgendwann angefangen, über meine Zwerge nachzudenken. Von Anfang an habe ich, wenn ich im Stall oder am Zaun der Weide stand oder mit der Herde unterwegs war, nicht einfach nur zugeschaut oder sie mit Freude beobachtet. Ich habe versucht, sie zu verstehen. Was läuft da ab zwischen denen? Warum reagiert die eine Ziege gerade so und die andere anders?

Mir fiel von Anfang an auf, schon bei Frieda, Alice und bei Schwarzes Mädchen, wie unterschiedlich die einzelnen Tiere sind. Das bedeutet aber auch im Blick auf das Thema Sozialisation: Unterschiedliche Persönlichkeiten haben unterschiedliche Voraussetzungen für ihre Lernprozesse. Das ist in jeder ersten Grundschulklasse gut zu beobachten. Natürlich bedeutet das auch, dass die unterschiedlichen Persönlichkeiten der neuen Mitglieder meiner Zwergziegenherde sehr individuell die Verhaltensregeln der Gruppe lernen müssen.

Jetzt, ganz aktuell, kann ich Chaim, Pollux und Negrito bei diesen Prozessen beobachten. Sie sind in diesem Jahr geboren und die neu hinzugekommenen Mitglieder. Sie müssen lernen, sich innerhalb der Herde zu verständigen, um leben zu können. Wie alle Neugeborenen, egal ob bei den Menschen oder bei den Tieren, waren sie die ersten Tage und Wochen noch eng mit ihren Müttern zusammen. Milch trinken, erste Lauf- und Kletterversuche unternehmen und schlafen – das volle Erstprogramm, um eine lebensfähige Zwergziege zu werden. Schon da zeigten sich Unterschiede zwischen den Dreien, die sich in den Wochen danach weiter ausprägten.

Chaim zum Beispiel ist als Erster von den diesjährigen Kitzen geboren worden. Sein Name, Chaim, stammt aus dem Hebräischen und bedeutet Leben. Er bekam ihn, weil seine Geburt sehr schwierig war für Mama Dotty und auch für ihn selbst. Eine Theologin gratulierte mir auf die gute und erlösende Nachricht der Geburt mit dem jüdischen Spruch: Le Chaim! – Auf das Leben! Chaim ist am schnellsten von allen Dreien selbstständig geworden, so weit man das bei einem gerade fünf Monate alten Kitz sagen kann. Er wanderte sehr früh allein auf der Weide herum, sogar ohne den sonst so wichtigen Blickkontakt zur Mutter und suchte schnell den Kontakt mit den anderen Jungtieren. Als Ältester forderte er mit knapp vier Monaten seinen Vater Locke vehement heraus, und in manchen Auseinandersetzungen – auch wenn sie bis jetzt noch spielerisch sind – ist zu ahnen, wie viel verbissene Hartnäckigkeit der kleine Kerl einmal entwickeln könnte. Ab und zu reagiert er schon auf seinen Namen, aber nur, wenn es nicht allzu störend ist beim Spielen oder Fressen.

Pollux, Sohn von Dina, ist ganz anders. Ein Schmusetier ohnegleichen! Pollux sucht beständig Kontakt: zu Mama Dina, zu seinen Kumpels Chaim und Negrito und zu mir. Er hört wesentlich öfter auf seinen Namen, weil es jedes Mal Streicheleinheiten gibt, wenn er daraufhin zu mir kommt. Pollux ist viel verspielter als die anderen beiden und ein Stück temperamentvoller ist er auch.

Negrito wiederum, der Jüngste von den Dreien, Sohn von Alice, ist der größte Lümmel, den ich je in meinem Ziegenstall hatte. Ein echter Rabauke, ein Lausebengelbock! Wäre er ein kleiner Menschenjunge, müsste er Michel von Lönneberga heißen nach der literarischen Figur von Astrid Lindgren. Negrito macht garantiert genau das, was keiner darf oder soll. Die Begrenzung der Weide im Wald verlassen zum Beispiel (sie war in diesem Jahr ohne Stromzaun; ein Fehler, den ich nicht noch einmal mache) und dann plötzlich vor der Haustür auftauchen. Oder sich durch die engen Stäbe des Gartenzauns hindurchzwängen und alles abfressen, was in Reichweite ist, und Pollux ebenfalls dazu anstiften.

An der Eibe oder am Flieder knabbern, was nicht nur verboten, sondern bei der Eibe auch gefährlich ist. Eiben sind hochgiftig. Zwergziegen können zwar viele Pflanzengifte neutralisieren, aber Eibennadeln sind extrem toxisch. Negrito hat auch bis jetzt keinen oder nur sehr wenig Respekt vor den erwachsenen Tieren. Das trägt ihm so manchen derben Hornstoß ein, was ihn nicht zu stören scheint. Nach so einem Rüffel springt er bloß kurz weg und rennt dann mit wilden und ausgelassenen Hüpfern durch die Herde und rempelt alles an, was ihm in den Weg kommt. Absolut ohne jeglichen Respekt!

Neulich erst tobten alle Drei wieder die Weide rauf und runter, ein Spaß, den sie bis kurz vor dem Umfallen treiben können. Normalerweise geht die Rennstrecke auch über die alte Hundehütte. Da aber lag Chefin Frieda und döste. Chaim und Pollux stoppten respektvoll und wählten einen Umweg. Negrito stoppte auch – kurz – und sprang dann einfach über den dicken Bauch von Frieda hinweg und von der Hundehütte herunter, um als Erster wieder auf die Rennstrecke einbiegen zu können. Frieda wachte auf und war sichtlich irritiert. Ich würde sagen, der Lernerfolg, was die Integration des neuen Mitglieds Negrito innerhalb der Zwergziegengruppe betrifft, lässt noch sehr zu wünschen übrig.

***

Und wie sieht das mit Kultur aus? Kultur ist ein wichtiger Begriff, gerade heute, wo verschiedene Ideologien und Weltbilder aufgrund der sich anbahnenden neuen Völkerwanderungen zu hitzigen Diskussionen führen. Kultur ist auch kein einfacher Terminus. Häufig wird der Begriff verwendet, ohne klar zu benennen, für was er steht. So ist er im Alltag der Menschen ebenso wenig eindeutig wie im weit umfassenden Bereich der Geistes- und Sozialwissenschaften.

Frage ich im näheren und weiteren Bekanntenkreis danach, ob Tiere Kultur haben, wird erst gestutzt – und dann meist lachend verneint. Natürlich: Es gibt weder große Symphonien, die Tiere komponiert und aufgeführt haben, noch bedeutende literarische Werke. Und kein Tier hat einen Nobelpreis bekommen für herausragende mathematische Forschungen. In manchen theologischen Abhandlungen oder Predigten wird ähnlich negativ herausgestellt, dass Tiere nicht anbeten und Gott nicht Dank sagen und ihn preisen können, also auch in diesem Bereich nicht fähig seien, Kultur zu erschaffen oder zu besitzen.

Aber ich frage mich bei diesen Aussagen schon: Woher wissen wir das eigentlich so sicher? Können wir denn genau ermessen, wie viele blinde Flecken unsere Brille der Erkenntnis noch hat? Kultur ist, so die gängige Definition, alles, was nicht von der Natur gegeben, sondern vom Menschen geschaffen ist.[27] Die Kultur (des Menschen) stelle den Sieg dar über die Natur (der Tiere), so soll es einmal der Begründer der Psychoanalyse, Sigmund Freud, formuliert haben.

Für die Kultur und das Kulturschaffen sind Sprache und Bewusstsein notwendige Voraussetzungen. Ich weiß, dass ich ich bin und kann aus dieser Erkenntnis heraus agieren, konkret handeln und etwas erschaffen. Das ist einer der grundsätzlichen Bausteine für Bewusstseinsentwicklung.

Kinder erleben dieses großartige Aha-Erlebnis mit etwa zwei Jahren. Der Spiegeltest, auch Rouge-Test genannt, ist für diesen Entwicklungsschritt ein klares und bewährtes Messinstrument. Die Testanordnung ist wie folgt: Das Kind sitzt vor einem Spiegel und betrachtet sich. Verdeckt wird ihm, ohne dass es diesen Vorgang im Spiegel beobachten kann, ein kleiner Klecks Creme oder etwas farbiges Pulver in das Gesicht getupft. Schaut es anschließend wieder in den Spiegel, wird es spannend. Kinder, die schon eine altersgemäß realistische Selbstwahrnehmung haben, wischen sich die Creme aus dem eigenen Gesicht. Sie wissen also: der da im Spiegel bin ICH und ICH habe einen Klecks Creme im Gesicht. Kinder, die noch nicht so weit sind, versuchen ihn meist im Spiegelbild zu verreiben oder wegzuwischen oder ignorieren ihn ganz. Der Spiegeltest beweist eine hohe Fähigkeit zur Selbstwahrnehmung und ist bezeichnend für ein frühes Stadium von Bewusstseinsentwicklung.

Gerhard Roth, Hirnforscher und Professor für Verhaltensphysiologie an der Universität Bremen, hat während eines Vortrags über Selbsterkenntnis die Testergebnisse mit verschiedenen Tierarten vorgestellt. Der Spiegeltest mit Schimpansen, Elefanten, Delfinen und Rabenvögeln (Elstern) wurde in einem großen Zeitraum von verschiedenen Forschern auf dem Gebiet der Verhaltensbiologie durchgeführt. Die Ergebnisse waren erstaunlich. Bei den Testgruppen der Schimpansen zum Beispiel bestanden laut Roth durchweg fast alle Tiere den Spiegeltest, wischten sich also die Creme aus dem eigenen Gesicht erfolgreich ab. Bei den Elefanten, Delfinen und Rabenvögeln erkannten das zumindest in jeder Gruppe einige der Tiere. Roth nannte dies eine sehr hohe mentale Leistung.

Ebenso referierte er über Testanordnungen, die bewiesen, dass zum Beispiel verschiedene Affenarten das Wissen eines anderen (Menschen) beurteilen können. Einfach ausgedrückt: Sie erkannten, wer lügt und wem sie eine Information glauben und danach handeln sollten. Roth formulierte es sehr deutlich: „Selbstbewusstsein und Denken ist sicherlich nicht einzigartig für den Menschen!"[28]

Ein anderes, sehr beeindruckendes Zeugnis berichtet Immanuel Birmelin aus dem Baseler Zoo. Birmelin ist Verhaltensforscher und langjähriges Mitglied der Fachgruppe für Verhaltensforschung der Deutschen Veterinärmedizinischen Gesellschaft und Experte für artgerechte Tierhaltung. Im Rahmen von Kameraarbeiten für den Film „Das Bewusstsein der Tiere" beobachtete er eine Begebenheit mit der Schimpansin Xindra. Sie hatte eine Kamera und den dazu gehörenden Monitor entdeckt, die zufällig so an der Glasscheibe des Affenhauses standen, dass die Schimpansin aufgenommen wurde und sich selbst gleichzeitig im Monitor sehen konnte. Xindra untersuchte eine Zeitlang den Fernseher, um den interessanten Schimpansen zu entdecken, den sie da sah. Aber hinter dem Bildschirm war niemand. Dann begann sie mit Bewegungen, Grimassen und allerlei Verrenkungen dieses Bild des anderen Schimpansen gespannt zu beobachten. Irgendwann habe Xindra begriffen, dass sie sich selbst in diesem Bildschirm sah. In Folge begann sie Körperteile zu untersuchen, die sie noch nie hatte sehen können: Zähne und Rachen, Rücken und Hinterteil.

Xindra hatte erkannt: Das da im Bildschirm bin ich. Sie musste also ein Bewusstsein von sich selbst haben. Wenn es noch eines weiteren Beweises bedurft hätte, so kam er am nächsten Tag. Birmelin stellte einen Spiegel vor der Glasscheibe des Affenraumes auf, unbemerkt wurde einigen Schimpansen ein Farbklecks auf die Stirn geschmiert, und dann wartete das Team voller Spannung. „Unser Kameramann lag auf der Lauer, als Xindra im Abstand von vier Metern den Spiegel passierte. Schlagartig hielt sie inne. Aus den Augenwinkeln musste sie eine Bewegung wahrgenommen haben, denn fast erschrocken wandte sie den Kopf. Sie fixierte den Spiegel, rückte näher und begann nach kurzer Zeit ihr Gesicht zu untersuchen. Aber vorher schob sie den Kopf etwas vor, als wollte sie ganz genau hinsehen, und dann rieb sie sich ohne zu zögern die Stirn, bis die Farbe weggewischt war." Xindra, ein Schimpansenmädchen, hatte den Spiegeltest bestanden.[29]

***

Bewusstsein, Denken und in Folge aus diesem Denken zu einem sozialen Handeln finden – beim Nachdenken über die spannenden Berichte mit den verschiedenen Spiegeltests fielen mir spontan einige Begebenheiten ein, die ich mit Tieren, auch mit meinen Zwergziegen, in den letzten Jahrzehnten erleben konnte.

Eine Erinnerung aus lang vergangenen Zeiten kam sofort: In den 70er- und 80er-Jahren galt eine meiner Leidenschaften dem Tauchsport. Und wenn der Tümpel noch so klein oder der Kanal noch so kalt war, wir, eine Gruppe junger Sporttaucher, mussten da rein. Mehrmals im Jahr ging es irgendwo an eine Küste, oft nach Spanien zu einer Tauchschule, dessen Besitzer ein erfahrener Tauchlehrer und Freund war. Er und seine Frau hatten einen Hund, einen jungen Rottweiler.

Eines Tages passierte ein folgenschwerer Unfall. Der Welpe wurde überfahren, ein deutscher Tauchtourist hatte das junge Tier übersehen und voll erwischt. Der Welpe überlebte schwer verletzt mit Brüchen an Becken und Hinterbeinen. Nach Operationen, einer langen Genesungszeit und viel Geduld war der Hund wieder fit. Allerdings hatten sich sein Brustkorb und die Vorderbeine sehr stark entwickelt, da er über Monate nur diese hatte benutzen können. Den Winter über war das Ehepaar samt Hund meist in Deutschland. Hier geschah mehrere Male etwas, das man nur als Vergeltung oder als Rache bezeichnen kann.

Bei Spaziergängen ohne Leine – der Hund hörte normalerweise sehr gut auf alle Kommandos – sprintete er plötzlich los, sobald eine bestimmte Automarke in Sicht kam. Der Hund war schnell und stark. Auf Höhe des Autos, der Tür oder des Kotflügels, sprang er hoch und rammte das Auto mit der geballten Wucht seines Körpers. Etliche Ausbeulungen und Reparaturen musste der Tauchlehrer bezahlen, bis er schließlich den Hund nicht mehr von der Leine ließ, wenn Straßen in Sicht kamen. Offensichtlich hatte der Hund nicht nur eine klare Erinnerung daran, was ihm passiert war, sondern auch durch wen. Und er hat dieses Wissen über Monate gespeichert und es nach der Wiederherstellung aller seiner Kräfte gezielt angewendet.

Rache und Vergeltung sind sicher nicht positiv zu bewerten. Aber sie stellen ohne Zweifel einen Teil unserer menschlichen Kultur dar.

Bei Frieda habe ich einen ähnlichen Prozess verfolgt, den ich vielleicht als kulturellen Lernprozess bezeichnen könnte. Zwergziegen sind, das kann man ohne Übertreibung sagen, sehr verfressen. Vor allem Blätter, feine Ästchen und die Rinde bestimmter Bäume stehen ganz oben auf ihrer Wunschliste für die bevorzugten Nahrungsmittel. Bei jedem Spaziergang muss meine Herde an einer großen Kletterrose vorbei, die, entgegen meiner Annahme (und der Beschreibung des Verkäufers!), einen weit ausladenden Umfang angenommen hat. Frische, grüne Rosenblätter und auch Rosenblüten sind ein absolut verführerisches Angebot für die Zwerge, das aber streng verboten ist. Das weiß jede meiner Ziegen, die schon einmal in die Nähe der Rose gekommen ist und Blätter abgefressen hat. Ich schimpfe jedes Mal laut und fuchtele mit meinem Wanderstab in der Luft herum. Ein klares Signal: Rose ist verboten!

Frieda liebt Rosenblätter über alles. Da sie schon eine alte Zwergziegendame ist, nehme ich bei den Spaziergängen vermehrt Rücksicht auf sie und wenn sie will, bleibt sie in der Nähe des Stalls oder geht eigene Wege. Außerdem glaube ich, geht ihr das Gewusel der temperamentvollen Jungböcke ziemlich auf die Nerven. Sie will eben ihre Ruhe haben und das ist natürlich in Ordnung. Aber! Irgendwann hat sie gemerkt (?), gelernt (?), die Schlussfolgerung gezogen (?): Wenn die Oberziege mit dem Rücken zur Rose steht, also die Rose und alles, was sich anschleicht, nicht im Blick hat, kann man in Ruhe mindestens bei einem Zweig sämtliche Blätter abfressen.

Ich weiß nicht, wann sie diesen Lernschritt gemacht hat. Ich kann seit mindestens zwei Sommern dieses Verhalten bei ihr feststellen. Die anderen Tiere versuchen immer wieder einmal ein paar Blätter zu stibitzen, ob ich zuschaue oder nicht. Frieda reagiert anders. Habe ich die Rose im Blick, tut sie so, als würde sie diese Leckerei nicht im Mindesten interessieren. Gehe ich ein paar Schritte weg und drehe der Rose den Rücken zu, kommt sie sofort langsam an und beginnt die Blätter abzuzupfen. Ich habe es mit einem kleinen Spiegel kontrolliert. Dieses Verhalten kann Frieda weder mit den ererbten Genen bekommen noch von einer anderen Ziege gelernt haben. Sie hat auf eine Situation reagiert und wahrscheinlich nach mehreren erfolgreichen Versuchen gelernt, dass diese Reaktion zum Erfolg führt.

Gehören solche Lernprozesse nicht zur Kultur? Wenn etwas nicht genetisch verankert ist und ebenso auch nicht aktuell von anderen Mitgliedern der Gesellschaft übernommen worden sein kann, dann ist das doch eine kulturelle Leistung, oder?

Wenn nicht, dann muss ich wohl das Klavier spielen in meinen Genen verankert bekommen haben. Ich weiß nicht genau, wie viele Jahre ich insgesamt die verschiedenen Klavierlehrerinnen und -lehrer geärgert habe. Aber schließlich gelang es doch, dass ich den fröhlichen Landmann von Schumann und später halbwegs vernünftig Mozarts A-Dur-Sonate klimpern konnte. Das Lernprogramm lief grundsätzlich ähnlich ab wie bei Frieda und der Kletterrose. Das Vorbild meiner Mutter, die uns Kinder mit der „Ulanenattacke" oder „Heinzelmännchens Wachtparade" in den Schlaf zu spielen versuchte, war nur ein minimaler Ansporn. Denn versuchen, lernen und einüben musste ich die kulturelle Errungenschaft des Klaviers Spielens leider selbst.

Vermenschlichung der Tiere als Falle oder als Chance?

Sprache und Sprachkompetenz gehören ebenfalls unabdingbar zur Kultur. Das geschriebene und gesprochene Wort ist aus der Welt und damit aus der Kultur der Menschen nicht wegzudenken. Wie alle Lebensäußerungen ist die Sprache nicht nur Ausdruck von Kultur, sondern bildet sie mit und bildet sie neu. Sehr deutlich zu hören ist das bei jeder neuen Jugendsprache. Auf Sprache zu reagieren ist Grundlage von Dialog und Verständigung. Dazu gehört auch die Körpersprache, eben der ganze große Bereich der nonverbalen Kommunikation.

Tiere haben nicht die gleiche Sprachkompetenz wie Menschen. Aber eine Sprache, eine Kommunikation untereinander und mit anderen Spezies haben sie auf jeden Fall. Meine Ziegen verstehen mich – wahrscheinlich aber nicht die einzelnen Worte. Wenn ich zum Beispiel beim Leckerli füttern laut „Schluss!" sage, reagieren sie sofort. Sie wenden sich ab und betteln nicht weiter. Das Wort als solches, also die Bedeutung der verschiedenen Buchstaben in dieser Reihenfolge gesetzt, verstehen sie sicher nicht. Aber den Laut, den das Wort macht, meinen energischen Tonfall und das körperliche Zeichen der erhobenen Hände mit den leeren Handflächen nach vorn gerichtet, das interpretieren sie korrekt. Die klare Aussage, diesen Befehl, können sie nicht von Geburt an gewusst haben. Sie haben ihn bei mir gelernt und wenden dieses Wissen an. Ist das nicht auch eine Form von Kultur?

Frans de Waal, einer der berühmtesten Primatenforscher, stellt in seinen Büchern die gängige Definition von Kultur in Frage. Kultur ließe sich ohne Weiteres so definieren, dass alle anderen Spezies davon ausgeschlossen seien. „Exklusive Definitionen zielen meist auf die höchsten menschlichen Errungenschaften, die aus einem bestimmten Prozess entstehen, und lassen diese absolut essenziell erscheinen." Die

Wissenschaft könne mit diesem Denkansatz problemlos von einzigartigen menschlichen Fähigkeiten sprechen, was Kultur, den Gebrauch von Werkzeug, Sprache, Moral und Politik angeht.[30]

Das ist logisch: Aber wenn ich unter Kultur nur Fähigkeiten wie die Komposition von Sinfonien, das Schreiben von Weltliteratur und hochkomplexe Mathematik verstehe, fallen auch sehr viele Menschen aus diesem Raster heraus. De Waal verliert dabei keinesfalls diese großen kulturellen Innovationen und Leistungen aus dem Blick, die wir Menschen in unserer Entwicklungsgeschichte erreicht haben: „Auf der anderen Seite steht ganz außer Zweifel, dass wir aufgrund unserer Sprache, unserer Symbole, Ideen, Bedeutungszuweisungen, Werte, Lehren und unserer Art der Nachahmung die Kultur einen beispiellosen Schritt weitergetrieben haben als andere Tiere. In diesem Sinn ist die menschliche Kulturfähigkeit in der Tat einzigartig und durchdringt unser ganzes Leben in einer Weise, dass es kein Wunder ist, wenn wir über ihre Macht immer wieder staunen."[31]

Aber wird die Wertschätzung dieser hohen Kultur des Homo sapiens wirklich verringert, wenn erkannt und anerkannt wird, dass andere Spezies, also Tiere, kulturelle Fähigkeiten erlernt haben und sie an ihre Nachkommen weitergeben? De Waal und mit ihm andere Forscher auf dem Gebiet der Verhaltensbiologie oder Primatenforschung fassen Kultur darum wesentlich weiter. Jahrzehntelange intensive Forschungsarbeiten mit den verschiedensten Tierarten machen deutlich, dass die scharfe und anscheinend unüberwindliche Grenzsetzung zwischen Mensch und Tier diesen Ergebnissen nicht standhalten kann.

Aber wenn ich, wenn man den Tieren Sozialisation, Bewusstsein, Denken und Kultur sowie soziales Handeln nicht absprechen kann, tappt man da nicht in die Falle des sogenannten Anthropomorphismus? Das Wort stammt aus dem Griechischen. Zusammengesetzt aus Mensch (*Anthropos*) und Gestalt (*Morphos*) wird es verwendet, um zum Beispiel die Übertragung von menschlichen Verhaltensweisen und Eigenschaften auf Tiere zu kennzeichnen. In der Theologie gibt es ebenfalls eine anthropomorphe Sprachweise, wenn Gottesvorstellungen mit menschlichen Begriffen versehen werden, Gott also ähnlich wie ein Mensch liebt, hasst, vergibt, eifersüchtig oder zornig ist. Anthropomorphismus ist ein Reizwort.

Diese Vorgehensweise der Vermenschlichung von Tieren wurde häufig als Folge einer geringen Fähigkeit zur Abstraktion angesehen, und darum wurde der Anthropomorphismus vor allem Kindern zugeschrieben. Vom Standpunkt verschiedener Wissenschaftler aus ist die sogenannte Vermenschlichung von Tieren, also das Benennen eines tierischen Verhaltens mit menschlichen Worten, unzulässig. Anthropomorphismus sei in hohem Maße unwissenschaftlich. Kann das generell so sein? Aber wenn ich nicht in und mit meiner Sprache und Begriffswelt tierisches Verhalten benennen darf, laufe ich dann nicht Gefahr, wie Descartes und andere Wissenschaftler in seiner Nachfolge Tiere als Dinge, als

Maschinen, als nur vom Instinkt gesteuerte Kreaturen zu begreifen? Lasse ich dann nicht auch die harten Fakten der ähnlichen oder gleichen Hirnstrukturen und der ähnlichen oder gleichen Hormonausschüttungen oder die Testergebnisse der Verhaltensforscher außer Acht?

Primatenforscher Frans de Waal sieht den ständigen Vorwurf mancher Wissenschaftler sehr kritisch. Für ihn geht der Vorwurf an der Realität vorbei: „Der Vorwurf lautet, dass wir dazu neigen, Gedanken und Gefühle auf Tiere zu projizieren, und sie damit menschenähnlicher machen, als sie es in Wirklichkeit sind. Doch die Vermeidung von Anthropomorphismen ist weder einfach noch ohne Tücken. Indem wir unsere Sprache ändern, sobald wir Tiere beschreiben, verschleiern wir möglicherweise genuine Ähnlichkeiten."[32]

Für Marc Bekoff tappen die Kritiker der sprachlichen Vermenschlichung von Tieren aber oft selbst in die Falle des Anthropomorphismus. Er kommentiert die Kritik der Gegner mit Ironie, wenn sie: „[…] … sich meist dagegen verwahren, von einem Tier in Gefangenschaft als ‚unglücklich' zu sprechen – und dabei im Grunde selber anthropomorph reagieren, wenn sie sagen: ‚Oh nein, Sie sehen das falsch, das Tier ist glücklich.'"[33]

Für Bekoff, der seit über 40 Jahren den Fragen der Verhaltensbiologie auf den Grund geht, ist ein vorsichtiger und sorgsamer Anthropomorphismus sogar eine Notwendigkeit. Er sollte aber vom Standpunkt des Tieres aus betrieben werden. Wir sollen den Blickwinkel des Tieres nicht verlassen und dabei immer wieder fragen: Wie wäre es, dieses Tier zu sein und sein Leben zu leben? Diese Vorgehensweise, die der Professor für Evolutionsbiologie auch zu seinem Blickwinkel machte, erlaubt das Gemeinsame zu erkennen, ohne das Trennende zu verneinen. „Unabhängig davon, wie wir es bezeichnen, wir stimmen alle darin überein, dass Tiere und Menschen viele Gemeinsamkeiten haben, inklusive der Emotionen. Wir implizieren nichts Menschliches bei Tieren, aber wir identifizieren Gemeinsamkeiten und setzen menschliche Sprache ein, um unsere Beobachtungen zu kommunizieren."[34]

Trotz allem machen Gedanken und Aussagen zu diesem Thema manchen Menschen Angst. Was ist das? Was steckt hinter dieser, wie Bekoff es nennt, „Anthropomorpho-Phobie"? Also der Angst davor, dass Tieren bestimmte emotionale, soziale und kulturelle Fähigkeiten zugesprochen werden, die Menschen sonst ausschließlich für sich in Anspruch nehmen. Ist es die Angst, das große Unbehagen davor, dass Tiere uns vielleicht ähnlicher sind, als wir uns das vorstellen können und wollen – und dass wir das bis jetzt nicht wahrgenommen haben? Verletzt es das menschliche Selbstverständnis, wenn wir mehr mit den Tieren gemeinsam haben, als uns lieb ist?

Man könnte das Problem dadurch lösen, indem man es einfach leugnet. Die klassische Verdrängung eben: Was nicht sein darf, das ist auch nicht. Punkt! Aber nehme ich denn einem Menschen etwas weg, wenn ich bei einem Tier diese

Fähigkeiten erkennen und beweisen kann? Verringere ich die Menschenwürde, wenn ich Tieren Würde zuspreche? In manchen Diskussionen ist auch ein ganz besonderer Vorwurf zu hören: Dieses Thema sei eine Luxusdiskussion; wir hätten momentan schließlich einen Haufen anderer Probleme zu lösen. Oder auch: Diese Debatte sei nur wenig mehr als eine Spiegelfechterei – also eine Vortäuschung der Wichtigkeit eines Themas, nur um mit Leidenschaft hitzig diskutieren zu können. Eine Diskussion um der Diskussion willen.

Ich halte das für armselige Vorbehalte von Menschen, die nichts von den Hintergründen und Zusammenhängen verstanden haben, die mit dem breiten Spektrum der Mensch-Tier-Beziehung verbunden sind. Die Stichworte Artensterben, Klimawandel und fortschreitende Desertifikation/Versteppung von weiten Teilen Afrikas oder Asiens sagen genug über die sensiblen und tiefgreifenden Auswirkungen darüber aus. Für mich mit dem Ganzen aber verbunden, zutiefst verbunden, ist die Frage, die ich am Anfang dieses Kapitels gestellt habe: Was ist denn der Mensch?

Unbehagen und Angst können bei der Antwort auf diese Frage verblüffenderweise sogar hilfreich sein.

Angst kommt von Enge. Wenn ich Angst habe, kommt mir etwas näher, kommt es mir zu nahe und scheint eine Bedrohung zu werden. Viele Ängste sind aber oft nur Ausdruck von tiefer liegenden Befürchtungen oder alten Verletzungen im emotionalen oder seelischen Bereich, die der Mensch sich nicht eingestehen kann oder will. Angst, die entsteht, wenn

Tieren etwas zugestanden wird, was der Mensch für sich allein in Anspruch nimmt, könnte das nicht auf ein Menschenbild hinweisen, das eine solche Angst auslöst? Wer Angst und Unbehagen empfindet bei der Tatsache, dass Tiere uns ähnlicher sind, als wir glauben, sollte der sich sein Menschenbild nicht einmal in Ruhe anschauen? Die Frage, was der Mensch sei, müsste sich jeder Mensch in seinem Leben mindestens einmal stellen und seine persönliche Antwort darauf finden.

Die zentrale Frage und die Antwort des Glaubens

Ich kann diese Antwort nur als Christin suchen und finden. Der Glaube ist für mich nicht nur irgendeine relativ diffuse Wertvorstellung oder eine romantische Kindheitserinnerung, ein Glaube, den ich sozusagen mit der Muttermilch eingesogen habe. Das Auf und Ab meines christlichen Lebens und die damit verbundenen Fragen, vorläufigen Antworten und die unterschiedlichen Erfahrungen haben den Glauben nicht nur zum bestimmenden Faktor meines Lebens gemacht. Er ist auch mehr als das Fundament, das Dach oder der Rahmen von Alltag und Fest, von einsamer Meditation und geistlichem Gespräch.

Der Glaube an einen Schöpfergott, der Mensch wurde in

dem, was er erschuf und was er am Leben erhält, durchzieht und durchdringt alles, was ich bin und was zu mir gehört – jeden Tag, jede Stunde, jede Minute. Aber er ist auch immer wieder und immer noch eine große Herausforderung. Er gibt mir Antworten, ja, aber nicht ohne sie sogleich mit neuen Fragen zu verbinden. Ich weiß nicht, wie oft ich schon Psalm 8 gebetet, gesungen und betrachtet habe und mich dabei an den Versen gerieben und gestoßen habe, die diese Frage aufwerfen:

> *Was ist der Mensch, dass du seiner gedenkst,*
> *des Menschen Kind, dass du dich seiner annimmst?*
> *Du hast ihn nur wenig geringer gemacht als Gott,*
> *du hast ihn gekrönt mit Pracht und Herrlichkeit.*
> *Du hast ihn als Herrscher eingesetzt über die Werke*
> *deiner Hände,*
> *alles hast du gelegt unter seine Füße:*
> (Psalm 8, 5-7)

Da ist sie, die zentrale und uralte Frage, die einen nicht loslässt, wenn man einmal angefangen hat, sie zu stellen. Für mich und meine Suche nach meiner Antwort wurde das Neue Testament die eine große Hilfe, nachdem ich diese alten und ewig jungen Schriften wieder entdecken durfte. Zusammen mit der Freude an der vielfältigen und bunten Schöpfung, die wie die Bücher der Bibel in unermesslicher Vielfalt von Gott erzählt, kam ich der Antwort näher.

Meine Zwergziegen hatten dabei einen überraschenden

und entscheidenden Einfluss. Sie haben sich mit ihrem Wesen, mit ihrer Neugier und ihrem Temperament, mit ihrer Klugheit und ihren Lernprozessen, mit ihrer Zugewandtheit und der mir geschenkten Zugehörigkeit als Gefährten gezeigt. Die wenigen kostbaren Augenblicke, in denen das Geheimnis GOTT blitzartig aufglühte zwischen uns, machten mir klar: Diese Tiere und ich sind auf demselben Weg. Wir sind nicht gleich, aber wir haben vieles gemeinsam. Uns unterscheidet eine Menge, aber ihnen und mir gab der gleiche Schöpfer das Leben. Ein Leben mit einem ganz klaren Ziel, das sie und ich, jeder auf seine Weise, durch das Dasein und Sosein erreichen sollen.

Seit der Zeit in Südamerika ist es für mich unauslöschliche Gewissheit und die nicht mehr umkehrbare Lebensmaxime geworden: Dieses Gottesgeheimnis ist das größte Abenteuer meines Lebens. Dieses Geheimnis GOTT ist wie ein leuchtender Funke in allem und jedem spürbar, wahrnehmbar. Und es ist tief beglückende Anziehung, Verlockung, Antrieb und Kraftquelle in meinem Leben. Dieser göttliche Funken, dieser Glutkern in allen Dingen ist in meinen Zwergziegen und er ist in mir. In ihnen vielleicht anders als in mir, aber in ihnen und in mir gleich kraftvoll und schön. Wir sind gemeinsam Geschöpfe des einen Schöpfers. In dieser Welt, in der so viel Chaos und Unheil verursacht wird, versuchen sie und ich dagegen zu leben, jeder mit seinen Möglichkeiten, seinen vom Schöpfer verliehenen Gaben. Dagegen zu leben durch die unbändige Lust am Dasein und dabei die Liebe zu lernen.

Nicht die Liebe, an die wir Menschen zuerst denken, wenn wir dieses Wort hören. Liebe als inniges und kraftvolles Ja zum Leben. Liebe zu den mächtigen und zarten, den großen sichtbaren und den unsichtbaren Spuren des Geheimnisses, welches wir GOTT nennen. Eine Liebe zu lernen, die alle feinen Goldfäden der Weggefährtenschaft wahrnimmt, die uns und alle Kreatur, alles Leben auf diesem Planeten unlösbar miteinander verbindet. Was sie, was uns alle gemeinsam einschließt in die bedingungslose und zärtliche Liebe des einen Gottes. Eines Gottes, der nicht in irgendwelchen unerreichbaren Höhen weilt und nur ab und zu huldvoll herabschaut. Sondern der sich in seine Schöpfung hinein- und herablässt und Mensch wird. Diese Erkenntnis, einmal begriffen, einmal in das eigene Herz gesenkt, kann für jeden Menschen, kann und konnte seitdem für mich nicht ohne Konsequenzen bleiben.

Spreche ich aber mit anderen über diese Erfahrungen, bekomme ich häufig zu hören: Schön, deine Erfahrungen, deine Erkenntnisse, aber was kann man als Einzelner schon machen? Auch wenn die Anzahl an Literatur über dieses Thema stetig wächst, auch wenn die Forschungsarbeiten bestimmter Verhaltensbiologen faszinierende Ergebnisse bringen, ändert das wirklich irgendetwas an den quälenden Tierversuchen mit Inhaltsstoffen, die für die tausendste Lippenstiftfarbe oder das zweitausendste Haarshampoo verwendet werden sollen? Oder an einer Nutztierhaltung, die es gestattet, dem hungrigen Verbraucher täglich billiges, schnell produziertes und qualitativ minderwertiges Fleisch zur Verfügung zu stellen und die dafür in Kauf nimmt, Tieren ihre Würde abzusprechen und sie unter schlechtesten Bedingungen zu halten und zu schlachten? Oder ändert das auch nur ein klein wenig an dieser Energiegier der Menschen in den westeuropäischen Ländern, die alles und jedes an Schöpfung und wertvollsten Lebensräumen opfern für eine das weltweite Klima zerstörende Energieproduktion?

***

Ich hätte gern ein Patentrezept, um damit diese Fragen endgültig zu beantworten. Aber ich habe nur meinen geistlichen Weg, der mir seit Langem sagt: Wir sind an einem Punkt in der Menschheitsgeschichte, in der Evolution angekommen, einem entscheidenden Punkt, einem der Kulminationspunkte, auf den die Entwicklung der Menschheit im Jahrtausende währenden Weg immer wieder zusteuerte. Ein Kairos, in dem sich alles verdichtet und zu einer Höchstspannung kommt, um eine Kehrtwende, eine tiefe, fundamentale Änderung einzuleiten.
Für mich sind Evolution und Heilsgeschichte darum auch Zwillinge. Unsere Beziehung zur Schöpfung, zu den Tieren ist einer der Auslösefaktoren, einer der Prüfsteine, eine Art Nervenzentrum, an dem diese zwingend notwendige Kehrtwende besonders sichtbar wird. Für mich ergibt sich aus dieser erspürten Situation ein klarer, geistlicher Impetus, ein

dynamischer Antrieb für mein Leben. Das entscheidende Wort heißt *Wandlung*. Verstanden im geistlichen Sinn: die eigene Motivation und das eigene Handeln kritisch und vor allem ehrlich hinterfragen und das eigene Herz daraufhin wandeln. Martin Buber (1878–1965) hat in seiner Schrift „Der Weg des Menschen" einen wunderbaren Satz geschrieben: „Der archimedische Punkt, von dem aus ich an meinem Ort die Welt bewegen kann, ist die Wandlung meiner selbst […]"[35]

Mein Leben in der Klause mit Zwergziegen, Gebet und Meditation, mit dem Versuch, für Gott und die Menschen, für die Schöpfung, für das Innerste der Welt offen zu werden, führt in eine solche Spur des beständigen Wandelns. Wenn ich mein Herz verwandeln lasse und in allem Gott zu entdecken versuche – seine Spuren, seine Gnade, seine bedingungslose Zuneigung zu dieser Welt –, kann das Veränderung bewirken. In mir, in den Menschen, mit denen ich Kontakt habe, und auf geheimnisvolle Weise auch in der ganzen Welt. Denn wenn ich mich ändere, ich, der ich ein Teil dieser Welt bin, ändert sich auch die Welt ein kleines Stück.

Romano Guardini, der große Religionsphilosoph (1885–1968), ein Zeitgenosse Martin Bubers, hat in seiner Auslegung zum Vaterunser die Verflochtenheit des Menschen mit den Übeln der Welt sehr klar zum Ausdruck gebracht. Er versucht hier mit seinen Worten das generell Böse aufzuzeigen. Diese Worte können aber auch sehr gut auf die Mensch-Tier-Beziehungen heute bezogen werden: „Die Not, die überall lastet, kommt an den Einzelnen wie ein Weltübel; sie entsteht aber nicht aus der Erde oder aus den Notwendigkeiten der Natur, sondern aus den Menschen. Wenn man sich fragt, ob die Erde Raum und Brot für alle hätte, so kann nur eine Antwort sein. Und dennoch haben viele weder Raum noch Brot, weil das eigentliche Übel nicht aus der Natur kommt, sondern aus der Kälte und Härte all der Selbstsüchtigen; aus der Nachlässigkeit der Trägen; aus der Gedankenlosigkeit der Oberflächlichen und Genießenden."[36]

Die Wandlung des eigenen Herzens ist für mich der Weg, die Welt zu verändern. Die Betrachtung der Schöpfung, das Einlassen auf die unfassbare Vielfalt der Welt in allen Bereichen und Zusammenhängen ist für mich dabei einer der möglichen Wege der Erkenntnis. Damit meine ich nicht den Blick auf eine romantische Idylle, nicht eine schwärmerische Sonnenuntergangsmystik, sondern ein Sich-diesem-Geheimnis-Aussetzen. Ich meine damit das konsequente, vielleicht sogar eher nüchterne Wahrnehmen dieses Glutkerns, des inneren Funkens, dieses einen Geheimnisses, das GOTT ist.

PORTRÄTS DER ZWERGZIEGEN

Die Fotos stammen von Irmgard Kettmann, Anna Matern-Bandt und Maria Anna Leenen.

FRIEDA: Die Chefin, schon eine alte Zwergziegendame, aber immer noch die Leitziege. Allerdings hat sie es jetzt gern ein bisschen ruhiger und gemütlicher, was bei den quirligen Jungböcken nicht so einfach ist. Sie selbst hatte wohl einmal Nachwuchs, bevor sie zu mir kam, danach aber nicht mehr. Sie ist in der Herde die einzige Zwergziege ohne eigene Kitze. Vielleicht hat sie deshalb nicht viel Geduld mit den Kleinen.

ALICE: Alice und Frieda waren die ersten Zwergziegen bei mir. Schon damals zeigte sich: Alice ist sehr neugierig, wachsam, aber auch mutig. Jetzt ist sie schon im reiferen Alter. Wenn Söhnchen Negrito quengelt und nörgelt, hat sie die Ruhe der erfahrenen Ziege, bleibt gelassen und legt sich lieber in die Sonne zum Dösen.

SCHWARZES MÄDCHEN: Tochter von Alice. Sie ist das erste Kitz, das in der Klause geboren wurde. In jungen Jahren die Ausbrecherkönigin, ist auch sie mittlerweile ruhiger geworden. Was aber nicht heißt, dass eine verlockende Gelegenheit zum Spaziergang außerhalb der Weide nicht genutzt werden würde.

MILLY: Tochter von Schwarzes Mädchen. Der Vater war ein hübscher brauner Bock mit entschieden zu heftigem Herrenparfüm. Zwar nur kurz zu Besuch, war er aber doch erfolgreich. Milly kann momentan ein richtiges Biest sein, denn zu gern hätte sie den Posten der Leitziege. In solchen Situationen geht man ihr besser aus dem Weg.

Gemeinschaftliches Sonnenbad am Vormittag

DINA: Tochter von Alice und einem der früheren Söhne von Alice. Trotz meiner Sorge, ob das bezüglich der engen Verwandtschaft gut geht, ist Dina eine sehr hübsche Zwergziege geworden ohne Erbkrankheiten, nur mit einem eher ängstlichen Charakter. Ihren Sohn Pollux hat sie darum die ersten Wochen völlig übereifrig sorgsam umkreist.

DOTTY: Ebenfalls Tochter von Alice und Zwillingsschwester von Dina. Sie war lange Zeit sehr viel kleiner als Dina, denn ich musste sie aufgrund einer Eutererkrankung von Alice mit der Hand aufziehen. Dottychat aber einen völlig anderen Charakter als ihre Schwester. Sie ist sehr selbstbewusst und hat ein Gespür für Menschen, denen es nicht gut geht.

LOCKE: Locke ist zurzeit der „Hahn im Korb". Nach seiner Übersiedlung in meine Herde brauchte er ein paar Monate, um sich von der schlechten Haltung der Vorbesitzer zu erholen. Was ihn aber nicht davon abgehalten hat, fleißig seinen Deckpflichten nachzukommen. Inzwischen ist er ein gesunder und wunderschöner Zwergziegenbock und ein fürsorglicher Vater.

CHAIM: Sohn von Dotty und der Erstgeborene in diesem Jahrgang. Er scheint ein ein echter Kämpfer werden zu wollen, denn schon mit vier Monaten hat er Locke, seinen Vater, massiv herausgefordert. Er ist auch – momentan jedenfalls – der Schnellste der drei Jungböcke.

POLLUX: Sohn von Dina mit einer lustigen Fellzeichnung. Er ist der große Schmuser in der Herde. Ich kann ihm auch nie widerstehen, wenn der kleine Kerl sich anschleicht und mich mit seinen schwarzen Augen anschaut.

NEGRITO: Sohn von Alice und der jüngste und mit Abstand auch der frechste Jungbock des diesjährigen Nachwuchses. Was er schon alles in den wenigen Monaten seines Daseins angestellt hat, würde ein eigenes Buch füllen. Negrito hat auch die fatale Neigung, andere mit seinen Lümmeleien anzustecken. Am liebsten tobt er mit den anderen Beiden um die Wette oder kuschelt mit Mama Alice am Abend im Stroh.

Blick in den Garten

Ein großer und gemütlicher Stall für alle Zwerge

Leckeres und nahrhaftes Futter im Herbst: Eichenblätter und Äste

Castor und Pollux

Blick auf die Gartenseite der Klause St. Anna

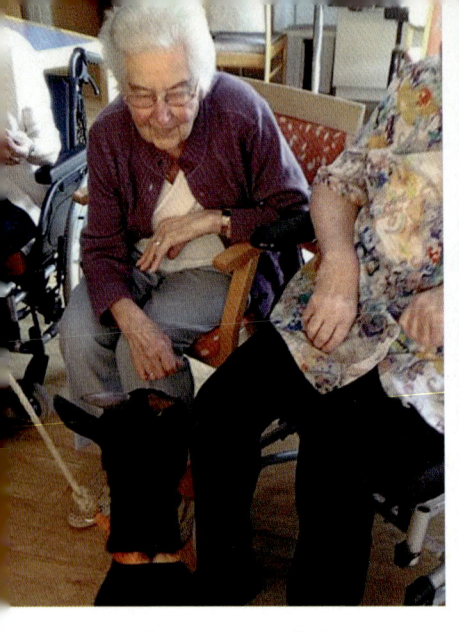

Besuch im Seniorenheim

Schwarzes Mädchen und Tochter Milly beim Kuscheln in der Sonne

Dotty mit 4 Monaten

Chaim, 2 Tage alt, allein vor dem Stall und mit Mama Dotty

Viel Platz zum Toben, Ausruhen und Kuscheln

Türschild der Klause St. Anna mit Segensgruß: Pax et Bonum

Kapitel 6:
Kein Resümee, sondern eher eine Schöpfungsmeditation

Manchmal nachts, wenn das Wetter trocken ist und der Himmel klar, hole ich mir eine alte Decke und gehe nach draußen. In der Nähe der Klause ist eine langgestreckte Anhöhe. In weitem Umkreis gibt es kein Hindernis, das den Augen den Blick verwehren würde.

Ich breite die Decke auf dem Boden aus und lege mich darauf. Ringsherum ist kein künstliches Licht, keine Straßenbeleuchtung, keine anderen Häuser in der Nähe, keine Leuchtreklame, nirgends eine künstliche Lichtquelle. Alles ist dunkel. Der Blick nach oben in den funkelnden, sternenklaren Himmel ist berauschend. Ungehindert kann ich nach oben schauen. Als hätte jemand einen Sack voll Diamanten über schwarzem Samt ausgestreut, so breitet sich der nächtliche Himmel wie ein Baldachin über mir aus. Ich kann das Sternbild des Großen Wagens erkennen, der jetzt weit im Norden steht; ganz in der Nähe, etwas weiter westlich, ist der

Kleine Wagen. Im Südosten beginnt allmählich der Orion aufzutauchen. Die kleinen Lichtpunkte am klaren Nachthimmel sind für meine Augen gut sichtbar, weil sie trotz ihrer großen Entfernung von der Erde eine machtvolle Helligkeit haben.

Aber wie weit kann ich wirklich schauen? Selbst bei klarer Sicht sind es am Tag vielleicht fünf oder zehn Kilometer, die meine Augen erfassen könnten. Wie wenig ist das angesichts der Weite über mir. 100 Kilometer über der Erdoberfläche beginnt schon das Weltall. Ein riesiger, ein scheinbar endloser schwarzer Raum. Der Mond, unser Nachbarplanet, den wir in romantischen Nächten bewundern, schwebt schon in 400 000 Kilometern Entfernung. Das Licht der Sonne, des hellsten Planeten unserer Galaxis und Rhythmusgeberin unserer Zeit, braucht volle acht Minuten, bis es auf der Erde ankommt.

Die Größe unserer Galaxis ist für meinen Verstand nicht fassbar. Und doch ist sie nur ein relativ kleines Sonnensystem. Der Weltraum ist unendlich viel weiter und größer. Galaxien und noch mehr Galaxien, die sich aneinanderreihen und die sich ausdehnen von der Vergangenheit bis heute von dem einen Punkt am Anfang der Zeit, an dem eine Wolke aus kosmischen Eis- und Gesteinsbrocken eine Billion Kilometer entfernt explodierte. Vor ungezählten Jahren schleuderte diese Wolke die Saat des Lebens auf die Reise in den bis heute auseinanderstrebenden galaktischen Raum. Spuren dieser Saat bildeten die Grundlage des Lebens auf unserem

Heimatplaneten. Unsere Erde, sie ist im Verhältnis zum Universum kleiner als eine Erbse auf einem irdischen Gemüseacker und ist doch Lebensraum für Milliarden und Milliarden Lebewesen. Diese blaugrüne Kostbarkeit, diese leuchtende und einzigartige Schönheit im Universum ist wie ein Edelstein, den man nur ein einziges Mal verschenken kann.

Die Erde, sie sei eine grandiose Oase in der weiten Wüste des Weltalls, beschrieb es Jim Lovell, einer der Astronauten von Apollo 8. Mit Blick auf die Mondoberfläche sagte er dem Kontrollzentrum in Houston: „Die riesenhafte Einsamkeit des Mondes hier oben ist Furcht einflößend, und sie lässt einen erst begreifen, was ihr zu Hause auf der Erde wirklich habt."

Als die Besatzung dieses ersten Fluges zum Mond am Heiligen Abend 1968 aus den kleinen Fenstern der Raumkapsel schaute, ging die Erde auf. „Oh, mein Gott. Seht euch dieses Bild an. Hier geht die Erde auf. Wow, ist das schön!", rief William Anders, der Bordingenieur aus. Mit diesem Bild des Earthrise vor Augen, des Erdenaufgangs, las die Besatzung am Weihnachtstag einige Verse der Schöpfungsgeschichte aus der Genesis vor: „Am Anfang schuf Gott Himmel und Erde [...]"[37]

Unsere Galaxis ist nicht besonders groß, aber unlösbar verbunden mit dem geheimnisvollen Leben im gesamten Weltall. Schon Johannes Kepler (1571–1630), der Naturforscher und kaiserliche Hofastronom in Prag, entdeckte die gleichmäßigen und mathematisch errechenbaren Planetenbewegungen. Für ihn war der Weltraum die Bühne für eine nicht zu beschreibende Schönheit. „Ich fühle mich von einer unaussprechlichen Verzückung ergriffen ob des göttlichen Schauspiels der himmlischen Harmonie […] Denn wir sehen hier, wie Gott gleich einem menschlichen Baumeister, der Ordnung und Regel gemäß, an die Grundlegung der Welt herangetreten ist"[38], wie er im fünften Buch seiner Schrift „Harmonices mundi libri V" schrieb.

Heutige Computertechnik macht diese Bewegungen der Planeten unseres Sonnensystems sichtbar. Was Kepler damals Sphärenmusik nannte, bildet sich heute auf dem Computerbildschirm ab mit der Schönheit einer geometrischen Figur, die bei allen Planetenkonstellationen und ihren Bewegungen umeinander und miteinander gleich ist. Es ist eine Ordnung nach harmonischen Gesetzmäßigkeiten und mutet an wie ein Tanz, der kontinuierlich nachgezeichnet das dreidimensionale Bild eines Sterns aufweist. Diese Figur, die „Blume des Lebens" genannt wird, findet sich schon eingezeichnet bei den ägyptischen Pyramiden. Sie ist wie eine Blaupause der Schöpfung, denn es ist eine Grundstruktur, die sich in allem findet, was zum Spektrum unserer irdischen Natur gehört.

Wenn ich an solchen Abenden in den funkelnden Raum über mir schaue, mit dem Rücken auf dem harten Ackerboden, die Augen auf die Sterne gerichtet, weiß ich, ich bin ein Teil dieses Raumes und ein Glied in der fast unendlichen Kette einer Entwicklung, die seit unfassbar vielen Jahren vorwärtsschreitet. Aber es ist ein unbegreifliches Wissen und nur anzunehmen, weil sich gleichzeitig ein tiefes Innewerden einstellt, weil das tiefe Gespür mitschwingt: Es ist Wahrheit. Es ist eine geschöpfliche uneinholbare Wahrheit darin verborgen.

Vor langer Zeit setzte die schöpferische Kraft Gottes die chemischen Prozesse in Gang, die zur Entwicklung der ersten Zellen auf einem jungen Planeten führte. Einem Planeten, den wir jetzt unsere Heimat nennen. Aus ihnen wurden Amöben, Bakterien und Mikroben, Einzeller in immer größerer Zahl und Vielfalt. In den entstehenden Ozeanen wuchs es heran, das Leben in immer vielfältigeren Formen, hin drängend zu Entwicklung und Auswahl. Aus winzigen Anfängen mit zäher und unbeirrbarer Kraft zu immer neuer Bauweise, Lebensmöglichkeit und Gestalt. Angepasst an das Leben in diesem Element, dem Wasser. Einem Element, das selber noch dabei war, den neuen Lebensraum zu erobern und machtvoll zu gestalten. Bis irgendwann auch hier zum ersten Mal Lebewesen ihren eigenen Lebensraum verlassen und einen vollständig anderen, noch fremden Raum besiedeln. Dieses neue Element lag bereit, der Boden aus Staub und Sand und Lehm und Stein, mit seinen weiten Flächen, auf denen die ersten Pflanzen mit einem verheißungsvollen Grünschimmer lockten. Auch die Jahrtausende der Eiszeit haben diesen Prozess nicht stoppen können.

Stellt man sich diesen Prozess lebhaft vor, entsteht ein faszinierendes Bild. Als die Wärme wiederkommt und den Planeten auftaut, beginnt die Schöpfung explosionsartig erneut, nun begleitet durch die Jahreszeiten, die einen neuen Impuls mitbringen. Wieder und wieder geschieht dieses neue, alte und doch immer geheimnisvoll drängende Spiel der Anpassung, der Entwicklung, der Auswahl und Erneuerung, bis die Vielfalt an Land und im Meer unübersehbar wird. In allem und jedem, ob Grashalm oder Amöbe, ob Pilzgeflecht oder Schlehenhecke, in Wolf und Adler, in Maus und Nashorn, Regenwurm und Erdmännchen ist dieser göttlich inspirierte Drang zum Leben festzustellen, der die Schöpfung unermüdlich vorantreibt und lockt und ausgestaltet. Pflanzengesellschaften entstehen, die verbunden sind durch die gleichen Standortfaktoren, und sie bilden Lebensgemeinschaften für viele.

Wie die waldnahen Staudenfluren am Rande von Eichen- und Birkenwäldern, die Nistmöglichkeiten und Nahrung anbieten für Nager und Insekten, dazu in den Kronen der Bäume Lebensraum für Specht und Blaumeise, Steinkauz, Pirol und Fledermäuse. Bäume, die untereinander mit Duftstoffen kommunizieren und in ihrem Wurzelbereich mit Pilzen einen Tauschhandel eingehen: Phosphor gegen Zuckerverbindungen, was wiederum Orchideen hilft, durch die enge Gemeinschaft mit diesen Pilzen wichtige Nährstoffe aufbereitet zu bekommen und so zu überleben. In riesigen Wäldern, in den Eiswüsten der Antarktis und den Sandflächen der südafrikanischen Namib-Wüste, in Alpenregionen und Flusstälern, auf und in jedem Quadratzentimeter der Erde wuchs es heran, das Leben in unzähligen, wunderbaren Formen, Farben und

Gestalten. Ein beständiges Werden und Vergehen, ein Leben miteinander, füreinander, aber auch voneinander, immer bestrebt zu Wachstum und Neuanfang.

Nicht aus einem Chaos entstanden, sondern aus dem Impuls einer von Gott erschaffenen kosmischen Ordnung, die sich nachprüfbar, sichtbar bis in die Elemente und die morphologischen Strukturen der Lebewesen hinein wiederfindet. Es ist wie ein evolutionärer, ein göttlicher Auftrag, das Leben immer wieder und immer neu zu beginnen, es auszuprobieren, zu gestalten und vorwärts zu bringen.

Diese Fülle an Variationen der Ökosysteme und Lebensräume mit ihrer Artenvielfalt und dem Reichtum an Veränderung und Gestaltungsmöglichkeiten – es ist ein Rausch an schöpferischem Überfluss, der über einen kaum zu ermessenden Zeitraum langsam aber sicher auch zur Bildung einer Spezies führt, die in sich alle Voraussetzungen versammelt zu einzigartigen Fähigkeiten, um diesen Planeten formen zu können zu einem Lebenshaus für alle. Homo sapiens – der wissende Mensch.

Und auch hier wiederholt sich der Prozess dieser faszinierenden Entwicklung, die mit den ersten Lebensspuren auf der Erde ihren Anfang nahm. Die Vielfalt dieser neuen Spezies und in ihr nochmals eine unübersehbare Fülle an individuellen Formen – über den ganzen Erdball verbreitet sie sich und erobert den Planeten in jedem Winkel, auf jedem Meter seiner Oberfläche. Jeder Mensch ist ein Original. Verschieden zwar nach seinen genetischen Anlagen, nach Größe, Haut- und

Haarfarbe, Vorlieben und Fähigkeiten und der unterschiedlichen Prägung durch regionale und geschichtliche Faktoren. Aber jeder trägt ausnahmslos in sich den göttlichen Lebensfunken, der Geschenk und Aufgabe zugleich ist. Eine Aufgabe, oder eher eine herausfordernde Einladung, den im gesamten Kosmos verborgenen Willen des Schöpfers zu erkennen und zu erfüllen in friedlicher Koexistenz und tiefer Achtung vor allem, was zu dieser Schöpfung gehört.

Irgendwann aber geschieht ein Bruch, eine Form von Verweigerung, mit der diese Einladung zurückgewiesen, die Aufgabe abgelehnt wird. Die Bilder der Bibel versuchen diesen Riss, diese Spaltung zu erklären, aber wie alle Bilder sind auch diese Erzählungen nur ein mangelhafter Versuch, das Auseinanderklaffen von Gottes Heilswillen und dem Reagieren des Menschen darauf zu verstehen. Was in der Natur zum Entwicklungsprozess dazu gehört, was Nahrungsketten bildet und durch Tod und Vergehen wieder Boden bereitet und Aufbaustoffe zur Verfügung stellt für neues Leben, gerät hier plötzlich in Schieflage.

Der Mensch, in voller Freiheit eingeladen, seine einzigartigen Anlagen zum Wohl aller einzusetzen, missbraucht diese Freiheit und damit auch die Schöpfung, ohne auf dieses Wohl aller zu achten. Der Kampf gegeneinander, weil Rasse, Geschlecht oder Weltsicht als falsch angesehen werden; das verbissene Ringen um Vorteile, die nicht zu einem guten Leben für alle in der Gemeinschaft führen; das hemmungslose Ausnutzen dessen, was als Geschenk und Gabe für alle zur

Verfügung stehen sollte – im Laufe von nur wenigen Jahrtausenden verändert sich das Bild des Planeten radikal.

Der göttliche Funke, der vom Schöpfer in die Harmonie des Kosmos und der Evolution eingesenkt worden ist, der in jedem Lebewesen tief verborgen ist wie eine unerschöpfliche Licht- und Kraftquelle, scheint verdunkelt zu werden. Der Heilsplan für die Welt ist in Gefahr, fehlzuschlagen. Aber Gott wäre nicht der Schöpfer und Lenker dieses überaus faszinierenden Abenteuers von Kosmos und Erde und seine Liebe zu dieser Welt nicht über alle vorstellbaren Maße hinaus groß und bedingungslos, wenn er sie verloren gehen lassen würde.

Er selbst gibt sich hinein in seine Schöpfung, wird Mensch in einem Kind, in diesem Mann aus Nazareth und lässt sich ein in den Strom der Geschichte seiner Schöpfung. Jesus Christus ist wie ein Dreh- und Angelpunkt der gesamten Welt und Weltgeschichte. Er ist die erneute und unwiderrufliche Zusage zur Schöpfung verbunden mit dem Aufruf, sich der Einladung Gottes zur friedlichen Gestaltung der Welt nicht zu entziehen.

Jesu Leben spielt sich ab in einem kleinen Land, winzig und fast ohne große Bedeutung, und doch geschieht hier der Auftakt zur Erneuerung der ganzen Schöpfung. Sein Leben, sein Sterben, sein Tod und seine Auferstehung haben nicht nur fundamentale Auswirkungen auf die Spezies Mensch. So wie der Bund, der Noah zugesagt und der mit Abraham geschlossen wurde und der immer alle Wesen aus Fleisch, alle

Kreaturen mit einbezogen hat, ohne Ausnahme, den über Jahrtausende Propheten und Seherinnen beschworen haben, er wird durch Jesus mit allen Lebewesen neu geschlossen.

Wie ein Aufglühen, ein Aufstrahlen des göttlichen Funkens mitten im gewaltigen und zugleich wechselvollen Ablauf der Menschheitsgeschichte, im Prozess der Evolution auf diesem Planeten wird Gottes Heilswillen für alle sichtbar in der Person des Rabbis aus Nazareth. Denen, die ihm nachfolgen, sagt er deutlich: „Geht hinaus in die ganze Welt und verkündet das Evangelium der ganzen Schöpfung"! (Markus 16,15b)

Was Paulus, einer seiner Apostel, nach einigen Jahrzehnten noch einmal verdeutlicht, wenn er im Brief an die Gemeinde in Rom davon schreibt, dass die gesamte Schöpfung in sehnsüchtiger Erwartung ist. Wie der Mensch, der zu Jesus gehören will, wartet und hofft, dass einmal der weite Horizont seiner Hoffnung einleuchtend sichtbar aufstrahlt. Die Hoffnung, dass nichts von dem, was Gott geschaffen hat, auf ewig verloren gehen muss. „Denn auch sie, die Schöpfung, soll von der Knechtschaft der Vergänglichkeit befreit werden zur Freiheit und Herrlichkeit der Kinder Gottes". (Römer 8,21)

***

Wenn ich den Römerbrief lese und meditiere, wenn ich im Gottesdienst die Evangeliumstexte höre, wenn ich in der

Danksagung

Erfahrungen mit Tieren beinhalten auch immer die Erfahrung mit Menschen, die Tiere halten oder sich um kranke und vernachlässigte Tiere kümmern. Ich möchte an dieser Stelle einigen von ihnen Dank sagen, die Vorbilder, Impulsgeber und Literaturbeschaffer für dieses Buch waren:

Julie und Johannes für ihre Arbeit im Tierheim und den Stapel aufschlussreicher Bücher. Irmgard und Ulrike für ihren Umgang mit kranken und alten Hunden und Katzen. Meinen Freundinnen und Freunden unter den Landwirten, die trotz hohen wirtschaftlichen Drucks sich um ihre Tiere sorgen und ihnen mit viel Mühe ein gutes Leben ermöglichen wollen. Meiner ältesten Nichte Pauline, die mir während ihres Studiums der Biologischen Diversität und Ökologie einige wichtige Impulse für dieses Buch gab.

Und dem Team des adeo Verlags in Asslar, vor allem Karoline Kuhn für die gute Zusammenarbeit und die Verbundenheit in der gemeinsamen Sorge um die vertrocknenden Weiden von Pony und Zwergziegen in diesem Sommer.

Maria Anna Leenen

Über die Autorin

Maria Anna Leenen, Jahrgang 1956, lebt seit 1994 als Eremitin und arbeitet als freie Autorin. Zu ihren Mitbewohnern gehören zurzeit 10 Zwergziegen, eine alte Katzendame und ein frecher junger Kater. Schwerpunkte ihrer Arbeit liegen im Bereich Spiritualität, Umwelt und Theologie. Zahlreiche Buchpublikationen und Veröffentlichungen.

Zuletzt von ihr erschienen: Einsamkeit schafft Raum. Bonifatius GmbH, Paderborn 2014, Von Ziegen lernen heißt leben lernen. Bonifatius GmbH, Paderborn 2014, Ganz weit draußen, Roman. Asslar 2016, nachtstill geplündert. Gedichte aus drei Jahrzehnten, Echter Verlag GmbH, Würzburg 2016.

www.maria-anna-leenen.de
www.eremiten-in-deutschland.de
www.klausenkapelle.de

Über die Illustratorin

Sigrid Schauer, Jahrgang 1964, Studium der bildenden Künste und Theologie in Mainz, Kunstpädagogin, seit 1999 Mitglied der Künstlergruppe Das Rad. Sie ist verheiratet und lebt und arbeitet in der Nähe von Frankfurt.

Zahlreiche Ausstellungsbeteiligungen und Einzelausstellungen.

www.kunst.ag/Sigrid.Schauer#
www.kunst-sucht-liebhaber.de/kuenstler/sigrid-schauer
www.kunst-sucht-liebhaber.de/Sigrid.Schauer
www.dasrad.org

Empfohlene Literatur zum Thema

Volker Arzt/Immanuel Birmelin, Haben Tiere Bewusstsein? Wenn Affen lügen, Katzen denken und Elefanten traurig sind. München ^{2}1993

Immanuel Birmelin, Tierisch intelligent. Von zählenden Katzen und sprechenden Affen. Stuttgart 2011

Marc Bekoff/Jessica Pierce, Sind Tiere die besseren Menschen? Fairness & Empathie im Tierreich. Stuttgart 2017

Jared Diamond, Der dritte Schimpanse. Evolution und Zukunft des Menschen. Frankfurt 1994

Eugen Drewermann, Im Einklang leben. Worte zur Schöpfung. Ostfildern 2017

Eugen Drewermann, Über die Unsterblichkeit der Tiere. Hoffnung für die leidende Kreatur. Ostfildern ^{2}2012

Sylvia Greiffenhagen/Oliver N. Buck-Werner, Tiere als Therapie. Neue Wege in Erziehung und Heilung. Erweiterte und überarbeitete Auflage, Mürlenbach 2007

Corina Gericke, Was Sie schon immer über Tierversuche wissen wollten. Ein Blick hinter die Kulissen. Göttingen ^{3}2015

Andrea Göhring/Jutta Schneider-Rapp, Hoffmann, Bauernhoftiere bewegen Kinder. Tiergestützte Therapie und Pädagogik mit Schaf, Kuh und Co. – ganz praktisch. Darmstadt 2017

Rainer Hagencord, Jahrbuch der Theologischen Zoologie. Münster, Bände 1/2014 und 2/2017

Rainer Hagencord, Die Würde der Tiere. Eine religiöse Wertschätzung, mit einem Vorwort von Jane Goodall. Ostfildern 2012

Rainer Hagencord, Wenn sich Tiere in der Theologie tummeln, Ansätze einer theologischen Zoologie. Regensburg 2010

Rainer Hagencord, Gott und die Tiere. Ein Perspektivenwechsel. Kevelaer 2008

Anita Idel, Die Kuh ist kein Klima-Killer. Wie die Agrarindustrie die Erde verwüstet und was wir dagegen tun können. Marburg 2016

Harald Lesch/Klaus Kamphausen, Die Menschheit schafft sich ab. Die Erde im Griff des Anthropozän. München ³2017

Martin M. Lintner, Der Mensch und das liebe Vieh. Ethische Fragen im Umgang mit Tieren. Innsbruck-Wien 2017

Papst Franziskus, Enzyklika Laudato Si'. Über die Sorge für das gemeinsame Haus. Verlautbarungen des Apostolischen Stuhls Nr. 202 vom 24. Mai 2015, Sekretariat der Deutschen Bischofskonferenz. Bonn 2015

Richard David Precht, Tiere denken. Vom Recht der Tiere und den Grenzen des Menschen. München 2018

Rachel Anne Ridge, Das Glück hat lange Ohren. Was mich ein heimatloser Esel über das Leben, den Glauben und zweite Chancen lehrte. Asslar 2018

Joel Salatin, Schweineglück & Lebenslust. Wie uns der achtsame Umgang mit der Schöpfung glücklich macht. Einsichten eines frommen Landwirts. Asslar 2018

Friederike Schmitz (Hg.), Tierethik. Grundlagentexte. Berlin 2014

Sabine Remy-Schwabenthan/Walter Schels, Die Seele der Tiere. Gesichter. Gefühle. Geschichten. München ^{2}2015

G. Recht (Hg.), Tierschutzgesetz der Bundesrepublik Deutschland. Merseburg ^{2}2015

Frans de Waal, Der Affe und der Sushimeister. Das kulturelle Leben der Tiere. München 2002

Frans de Waal, Der Affe in uns. Warum wir sind, wie wir sind. München ^{2}2010

Peter Wohlleben, Das geheime Leben der Bäume. Was sie fühlen, wie sie kommunizieren – die Entdeckung einer verborgenen Welt. München ^{11}2015

Peter Wohlleben, Das geheime Netzwerk der Natur. Wie Bäume Wolken machen und Regenwürmer Wildschweine steuern. München 2017

Jean-Claude Wolff, Tierethik. Neue Perspektiven für Menschen und Tiere. Freiburg in der Schweiz 1992

Quellenhinweise

[1] Sarah Hakenberg bei YouTube: https://www.youtube.com/watch?v=ylrJrH6IS_Y (letzter Zugriff am 05.11.2018).
[2] Valerie Porter, Goats of the world. Ipswich 1996, 149 f. (Verwendete Textstelle übersetzt von Maria Anna Leenen).
[3] Rainer Hagencord (Hg.), Wenn sich Tiere in der Theologie tummeln. Ansätze einer theologischen Zoologie. Regensburg 2010, 32 f.
[4] Frans de Waal, Der Affe in uns. Warum wir sind, wie wir sind. München 2010, 10.
[5] https://www.deutschlandfunk.de/was-ist-eine-agrarfabrik.697.de.html?dram:article_id=72290 (letzter Zugriff am 05.11.2018).
[6] Harald Lesch/Klaus Kamphausen, Die Menschheit schafft sich ab, Die Erde im Griff des Anthropozän. München 32017, 429.
[7] Martin M. Lintner, Der Mensch und das liebe Vieh. Ethische Fragen im Umgang mit Tieren. Innsbruck 2017, S. 20).
[8] https://www.kino.de/film/der-fuchs-und-das-maedchen-2007/news/fakten-und-hintergruende-zum-film-der-fuchs-und-das-maedchen/ (letzter Zugriff am 05.11.2018).
[9] https://welttierschutz.org/themen/tierschutz-im-weltzukunftsvertrag-verankern/die-fuenf-freiheiten-der-tiere/ (letzter Zugriff am 05.11.2018).
[10] http://rsos.royalsocietypublishing.org/content/5/8/180491 (letzter Zugriff am 05.11.2018)
[11] Rainer Maria Rilke, Der Panther. Aus: Dies alles von mir. Ausgewählte Gedichte. München 52002, 45.

[12] Albert Schweitzer, Ehrfurcht vor den Tieren. Hrsg. Erich Gräßer 2006, 75. Aus: Broschüre Aktion Kirche und Tiere AKUT e. V. 2017, Pfr. Dr. Ulrich Seidel, Markkleeberg.
[13] Silvia Schroer, Du sollst dem Rind beim Dreschen das Maul nicht zubinden. Alttestamentliche Tierethik als Grundlage einer theologischen Zoologie. Aus: Rainer Hagencord, Wenn sich Tiere in der Theologie tummeln. Ansätze einer theologischen Zoologie. Regensburg 2010, 42.
[14] Papst Franziskus, Enzyklika Laudato Si'. Über die Sorge für das gemeinsame Haus. Verlautbarungen des Apostolischen Stuhls Nr. 202, 25. Mai 2015. Bonn 2015, 51.
[15] ebd., 52.
[16] Andrea Göhring/Jutta Schneider-Rapp, Bauernhoftiere bewegen Kinder. Tiergestützte Therapie und Pädagogik mit Schaf, Kuh und Co. – ganz praktisch. Darmstadt 2017, 21.
[17] https://www.aerzteblatt.de/nachrichten/71036/MHH-Tierbegegnungen-unterstuetzen-Heilung-von-Depressionen (letzter Zugriff am 05.11.2018).
[18] Wassili Peskow, Die Vergessenen der Taiga. Das Überleben der Familie Lykow in den Weiten Sibiriens. Hamburg 1994.
[19] Richard David Precht, Tiere denken. Vom Recht der Tiere und den Grenzen des Menschen. München 2018, 301 f.
[20] https://de.wikipedia.org/wiki/Mensch (letzter Zugriff am 05.11.2018).
[21] Martin M. Lintner, Der Mensch und das liebe Vieh. Ethische Fragen im Umgang mit Tieren. Innsbruck-Wien 2017, 91
[22] Basilius Doppelfeld OSB, Symbole III., Mensch und Tier. Münsterschwarzacher Kleinschriften Nr. 78. Münsterschwarzach 1993, 76.
[23] Ich beziehe mich hier auf die Ausführungen zum Thema Ziege/Ziegenbock von Dr. Henrike Frey-Anthes im wissenschaftlichen Bibellexikon. Deutsche Bibelgesellschaft, Stuttgart 2010: http://www.bibelwissenschaft.de/stichwort/35346/ (letzter Zugriff am 05.11.2018).
[24] ebd.
[25] Lexikon der christlichen Ikonographie. Band 2. Freiburg 1994, 223+ 314.

[26] Marc Bekoff/Jessica Pierce, Sind Tiere die besseren Menschen? Fairness & Empathie im Tierreich. Stuttgart 2017, 31.
[27] Zum Beispiel im Lexikon für Theologie und Kirche. Band 6. Sonderausgabe. Freiburg 2009, 514.
[28] https://www.youtube.com/watch?v=GG5KLFLmO4w (letzter Zugriff am 05.11.2018).
[29] Immanuel Birmelin, Tierisch intelligent. Von zählenden Katzen und sprechenden Affen. Stuttgart 2011, 188 ff.
[30] Frans de Waal, Der Affe und der Sushimeister. Das kulturelle Leben der Tiere. München/Wien 2002, 31.
[31] ebd., 35.
[32] ebd., 39.
[33] Marc Bekoff/Jessica Pierce, Sind Tiere die besseren Menschen? Fairness & Empathie im Tierreich. 2017, 72.
[34] ebd. 74.
[35] Martin Buber, Der Weg des Menschen nach der chassidischen Lehre. Gerlingen, 111994, 37.
[36] Romano Guardini, Das Gebet des Herrn. Kevelaer 2008, 101.
[37] https://de.wikipedia.org/wiki/Apollo_8 (letzter Zugriff am 05.11.2018).
[38] Harmonices Mundi libri V. Max Caspar. München 1990.
[39] https://www.deutschlandfunk.de/plastikmuell-in-den-weltmeeren-moment-mal-das-koennte-was.694.de.html?dram:article_id=387974 (letzter Zugriff am 05.11.2018).
[40] https://www.cbc.ca/news/technology/living-plant-wwf-2018-1.4882819 (letzter Zugriff am 05.11.2018).
[41] Dorothee Sölle, zivil und ungehorsam. Gedichte, gebet nach dem ersten johannesbrief 3 vers 2, Auszug (Strophe 4), 108 f. © Wolfgang Fietkau Verlag, 1984

Der Verlag weist ausdrücklich darauf hin, dass im Text enthaltene externe Links vom Verlag nur bis zum Zeitpunkt der Buchveröffentlichung eingesehen werden konnten. Auf spätere Veränderungen hat der Verlag keinerlei Einfluss. Eine Haftung des Verlags ist daher ausgeschlossen.

Der Verlag hat sich bemüht, die Inhaber aller Rechte ausfindig zu machen. Sollte dies nicht gelungen sein, und dem Verlag gegenüber der Nachweis der Rechtsinhaberschaft geführt werden, wird diese selbstverständlich in branchenüblicher Weise abgegolten.

Die zitierten Bibelstellen wurden, wenn nicht anders angegeben, aus der folgenden Bibelübersetzung entnommen: Einheitsübersetzung der Heiligen Schrift, vollständig durchgesehene und überarbeitete Ausgabe © 2016 Katholische Bibelanstalt, Stuttgart.
Alle Rechte vorbehalten.

© 2019 adeo Verlag
in der Gerth Medien GmbH, Dillerberg 1, 35614 Asslar

1. Auflage März 2019
Bestell-Nr. 835221
ISBN 978-3-86334-221-0

Umschlaggestaltung: Die guten Botschafter, Haltern am See
Umschlagfoto: Shutterstock
Innenillustrationen: Sigrid Schauer
Satz: Uhl + Massopust, Aalen
Druck und Verarbeitung: GGP Media GmbH, Pößneck
Printed in Germany

www.adeo-verlag.de